Emilio Motta

Versuch einer Gotthardbahn-Literatur (1844-1882)

Emilio Motta

Versuch einer Gotthardbahn-Literatur (1844-1882)

ISBN/EAN: 9783743332515

Hergestellt in Europa, USA, Kanada, Australien, Japan

Cover: Foto ©ninafisch / pixelio.de

Manufactured and distributed by brebook publishing software (www.brebook.com)

Emilio Motta

Versuch einer Gotthardbahn-Literatur (1844-1882)

Versuch

einer

Gotthardbahn-Literatur

(1844 — 1882)

zusammengestellt von

Emil Motta.

Separatabdruck aus der „Bibliographie der Schweiz".

Basel.
H. Georg's Verlag.
1882.

Einleitung.

Eine kurze, kaum 77 Nummern zählende Literatur über die Alpenbahnfrage (1860—1871) befindet sich in Dr. Martin Wanner's *Geschichte der Begründung des Gotthardunternehmens* (Bern, K. J. Wyss, 1879). Folgender Versuch beansprucht durchaus nicht etwas Vollständiges zu bieten. Wer vermöchte nur annähernd alle Abhandlungen und Brochuren, die über die Gotthardbahn erschienen sind, zu verzeichnen? Ferner alle Artikel, die in periodischen, technischen und belletristischen Zeitungen, speziell in den letzten zehn Jahren, gedruckt wurden? Und dann erst alle offiziellen Beschlüsse, Protokolle und Botschaften etc. der verschiedenen betheiligten Staaten, Städte und Gesellschaften? Darum möge man, trotz ihrer Unvollständigkeit, diese Arbeit freundlich aufnehmen — der Verfasser hat es nicht an Mühe und Zeit fehlen lassen.

Manche gefällige Mittheilung und reichhaltige Aufschlüsse verdankt er Herrn Ingenieur *H. Paur* in Zürich, Sekretär des Vereins ehemaliger Polytechniker; hiemit sei ihm öffentlich des Verfassers Dank ausgesprochen.

Die Alpenbahn-Literatur greift weit zurück, indem die vorbereitenden Studien schon aus dem Jahr 1845 datiren. Der Gedanke an den Bau einer Bahn durch den St. Gotthard tauchte jedoch erst 1851 auf.

In jenem Jahre wurden die Ingenieure Negretti, Hachner und Koller seitens der sardinischen, preussischen und schweizerischen Regierungen beauftragt, die verschiedenen Alpenpässe der Schweiz einer vergleichenden Untersuchung zu unterziehen. In seinem Gutachten vom Jahr 1852 trat Ingenieur Koller für den Gotthard ein, nur noch die Durchbohrung des Splügen daneben in Frage setzend. Treue Anhänger des Gotthard's vom Anfang an waren und blieben Ingenieur *Lucchini* und der bedeutende italienische Oeconomist *Carlo Cattaneo*. Seiner günstigen topographischen Verhältnisse wegen hatte jedoch der Lukmanier lange die Oberhand. Daneben traten immer neue Projekte für den Splügen, Simplon, Septimer und sogar für die Grimsel auf.

Es bildete sich nun ein Comité unter Theilnahme der Schweizerischen Centralbahn und der betheiligten Kantone, welches zunächst topographische Studien vornehmen liess. Die Ingenieure Lucchini und Müller projektirten die Linien; Ingenieur Wetli bearbeitete hienach das erste Generalprojekt der Gotthardbahn. Resultat weiterer Studien war der im Jahr 1864 verfasste Expertenbericht der Ingenieure Beckh und Gerwig, sowie das commercielle Gutachten der HH. Schmidlin, Koller und Stoll.

Italien hat sich grosses Verdienst um die Gotthardsache erworben. Die im Jahr 1860 vom König ernannte Commission entschied sich, nach den sorgfältigsten Studien über die andern Alpenpässe, im Jahr 1865 für den Gotthard, und im Jahr nachher stimmte ihr das Parlament bei. Eine traurige Rolle spielte hingegen in jenen Jahren der Kanton Tessin.

Nun war das Gotthardunternehmen gesichert. Deutschland und Italien stimmten 1869 demselben bei und befestigten es durch finanzielle Subventionen. Im Herbst jenes Jahres tagte die internationale Conferenz in Bern. 1870 waren die nöthigen Capitalien zusammengebracht. Am 6. December 1871 wurde die Gotthardbahngesellschaft gegründet und bald nachher begannen die Arbeiten, die jetzt ihrem Ende sich nähern.

Weitläufigeres findet der Leser in obgenannter Schrift von Dr. Wanner und in Berlepsch's *Die Gotthardbahn* (Ergänzungsheft N° 65 zu Petermann's Mittheilungen, 1881).

Hoffen wir nun, dass mit der Eröffnung des riesigen Werkes die Wünsche aller betheiligten Nationen befriedigt seien!

Mailand, Januar—August 1882.

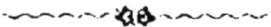

1844—1859.

Ueber die schweizerischen Alpenpässe (*Gotthard* auch).
> **** In: „Neue Helvetia", Bd. I, 1843, S. 102—106. (Zürich, Meyer & Zeller.)

Strada ferrata da Genova alla Lombardia e a' confini Svizzeri. Memoria di *Epifanio Fagnani* a tutti i Comizj dello stato.
> **** Recensioni in: „Gazzetta ticinese" (Lugano) N° 97, Jahrgang 1844.

Delle strade ferrate italiane e del miglior ordinamento di esse. Cinque discorsi di *Carlo Ilarione Petitti*. 1 vol. gr. in-8° di pag. 652, con carta corogr. Capolago (tip. Elvetica), 1845.

Entgegen:

Osservazioni sulle strade ferrate in relazione alla posta delle Indie Orientali.
> **** Enthalten im: „Lloyd Austriaco" N° 14, 24 Gennajo 1846.
> Auch in der „Gazzetta Ticinese" N° 20, 1846, sind Artikel gegen die im „Lloyd" ausgesprochenen Ansichten.

Su un articolo del „Lloyd Austriaco" e dell' „Osservatore Triestino" relativo alle strade ferrate italiane. Lettera (di *Cesare Balbo*) al Sig. Conte Petitti, 17 Febbrajo 1846.
> **** In: „Gazzetta Piemontese" N° 39, 1846. — In der „Gazzetta Ticinese" N° 23, 1846, reproducirt.

Proposizioni relative alla domanda di privilegi di costruzione ed esercizio di linee ferrate ticinesi. In-8°, 24 p. Locarno (tip. del Verbano), 1845.

Estratto con analisi della relazione di accompagnamento del progetto di massima per l'apertura di strade ferrate nel Cantone Ticino stesa dal cav. *Carbonazzi*, isp. nel corpo del genio civile di S. M. Sarda, autore di esso progetto e presentato al lod. Governo della Rep. c Cantone del Ticino colla data 28 Novembre 1845. In-8°. Lugano (ibid.), 1845.

₊ Für den *Lukmanier*.

Strade ferrate. Messaggio del Consiglio di stato del Cantone Ticino e convenzione tra i Cantoni di San Gallo, dei Grigioni e del Ticino. 1845 —1846. In-8°.

Decreto del Gran Consiglio del Canton Ticino sulle strade ferrate. In-8°. Lugano, 1846.

Marché, E., Note sur la traversée des Alpes par un chemin de fer.

₊ Dans: „Bulletin des sciences de la Société vaudoise des sciences naturelles", vol. I, 1846.

Carte de chemins de fer, etc. — Carta delle strade ferrate nel nord e nel sud dell'Europa centrale e della loro unione permezzo della linea progettata per il Lucomagno. Fol. in imp. reale. 1847.

Programma, concessione legislativa e statuto della Società anonima per la costruzione di una strada ferrata in Svizzera dal confine lombardo presso Chiasso a Capolago e da Lugano a Bellinzona con navigazione a vapore sul lago di Lugano ed in prossima congiunzione delle strade ferrate Lombarde e di quella del Lago Maggiore ai laghi di Costanza, di Wallenstadt e di Zurigo. Con carta di tracciamento. Pag. 60 in-8°. Capolago (tip. Elvetica), 1847.

Bruschetti, ing. Mappa delle strade di ferro in costruzione o decretate o in progetto fra Genova, Torino, Milano ed il lago di Costanza. Milano, 1847.

Sur la convenance d'établir à Magadino le point de départ du chemin de fer du Lukmanier au (ou du) St-Gothard, par „quelques Tessinois". Avec 1 carte topogr. de la vallée du Tessin, du lac Majeur à Bellinzona. In-8°. Italie, 1850.

₊ Auch italienisch.

Bericht der vom schweiz. Bundesrathe einberufenen Rathsherrn Geigy von Basel und Ingenieur Ziegler etc. Bern, 1850.

Bericht der vom Bundesrathe einberufenen Experten HH. *R. Stephenson*, M. P. et *H. Swiburne* über den Bau von Eisenbahnen in der Schweiz. In-8°, 72 S., mit Carte. Bern (Stämpfli), 1850.

₊ Auch französisch. — Separatabdruck aus dem „Bundesblatt", 3. Band.

Vegezzi-Ruscalla, G. Esame della linea già progettata fra Genova e la Germania, e proposizione di altra più conveniente. Torino, 1850.

Rossi, Celestino. Della grande linea della strada ferrata, ecc. 1850.

Rapport sur un chemin de fer proposé entre Gravellona, près du lac Majour, et Lucerne (par les vallées de la Toce, du Rhône, de l'Aar et par Sarnen à Lucerne), par MM. *M'Clean* et *Stilemann.* Avec 2 cartes, planche et profil. In-fol., 14 p. London (Waterlow frères), 1851.

Pasini, Valentino (Dr.). Sulle strade ferrate svizzere. Memoria. In-8°, 63 p.

₊ Supplemento straordinario al „Foglio officiale" del Cant. Ticino, N° 14, 15 Settembre 1851.

Strade ferrate svizzere. Confronto del progetto di strada ferrata tra il Lukmanier e il Grimsel. Memoria del Dr. *Valentino Pasini.* In-8°, 16 p. Bellinzona (tip. Verbano), 1851.

Sul progetto della strada ferrata meridionale elvetica e sulla navigazione a vapore del lago di Lugano. Memoria d'un socio in detto imprese. In-8°, 47 p. Milano (Antonio Arcione & Co.), 1851.

Bericht betreffend die schweizerischen Eisenbahnen und Anträge der Mehrheit der nationalräthlichen Commission. Mit vielen Tabellen u. Tfln. Bern, 1852.

Sulla linea la più conveniente per la costruzione di una strada ferrata attraverso le Alpi e la

Svizzera, destinata ad unire le strade ferrate del Piemonte con quelle del Reno e della Germania. Pensieri dell'ing. in capo *Pasqu. Lucchini*. In-4°. Bellinzona (tip. del Verbano), 1852.

Condizioni per servire alla stipulazione dell'atto di concessione della strada ferrata centrale italiana dopochè i cinque governi signatari la relativa convenzione le abbiano ratificate. 32 p. litogr. Bellinzona (tip. del Verbano), 1852.

Sardaigne - Prusse. Chemins de fer des Alpes; rapport sur la ligne la plus convenable, etc. (Uebersetznug von obiger Brochure.) In - fol., lithogr. 1852.

Progetto di una strada ferrata attraverso il S. Gottardo onde collegare le ferrovie d'Italia con quelle della Svizzera centrale, dell'ing. *Pasqu. Lucchini*. In-4°. Bellinzona (tip. del Verbano), 1853.

Ferrovia attraverso le Alpi. Terza memoria dell' ing. *P. Lucchini* in appoggio del suo progetto sul S. Gottardo. In-4°. Bellinzona (ibid.), 1853.

Della strada ferrata da Genova alla Svizzera. Considerazioni di *Carlo Cadorna*. In-8°. Torino (Eredi Botta), 1853.

Torelli, Luigi. Discorso pronunciato nelle tornate, 29 e 30 Aprile 1853. Torino (Favale), 1853.

La Nicca. Traforamento del Lucomagno e confronto ecc. Bellinzona (tip. del Verbano), 1853.

Memorial in Sachen der Gotthardt - Eisenbahn. Schultheiss und Regierungsrath des Kantons Luzern an den hohen schweiz. Bundesrath (8. September 1853).
 ₀ Extra Beilage zu N° 244 des Tagblattes. 4 S. In-fol. — Auch französisch.

Chemin de fer des Alpes. Rapports sur le chemin de fer le plus convenable pour relier l'Allemagne et la Suisse avec l'Italie par la commission technique spéciale composée des ingénieurs G. Negretti, S. Huchner, G. Koller, (avec 5 lith., profils etc.) In-fol. Bellinzona (tip. Verbano), 1853.

Nella vertenza della strada ferrata del S. Gottardo. Memorie. In-fol., 8 p. Lugano (Veladini), 1853.

Alcune parole sul progetto del Lucomagno. 1853.
*** Für's Projekt.

Boniforti can. Luigi. Della ferrovia al Lago Maggiore. Lettere e memorie di un corrispondente aronese. Torino (tipogr. sociale).

Camera dei deputati. Discussione sul progetto di legge della ferrovia da Genova a Novara fino al Lago Maggiore. 1853.

Sammlung der auf das schweiz. Eisenbahnwesen bezüglichen Aktenstücke. Bern (Stämpfli).
 Bd. II, 1853. Vergl. für die Lukmanier Bahn S. 108, 114, 141.
 Bd. III, 1854—55. Vergl. idem S. 1, 105, 121, 272, 283, 356, 357, 371, 386.
 Bd. IV, 1856—62. Vergl. für dieselbe S. 94, 100, 166, 168, 170, 259, 260, 295, 298, 313.
*** Siehe weiter die Folge. — Wir übergehen das Bundesblatt und die eidgenössische Gesetzsammlung, sowie die verschiedenen Amtsblätter der Kantone.

Rapporto del Comitato delle ferrovie ticinesi. (4 Maggio 1856).

Cattaneo Carlo. Il Lucomagno ed il Gottardo. 1856.
*** In: „Rivista contemporanea" Firenze, Ottobre 1856. — Für den Gotthard.

Strade ferrate dal confino sardo al Lucomagno e da Chiasso a Bellinzona; la prima concessa alla Banca di S. Gallo, la seconda ad una società ticinese lombarda. Locarno (tip. Verbano), 1856.

Strade ferrate ticinesi. Capitolati per la concessione ecc., 4 Dicembre 1856. In-8º. Locarno (tip. Verbano), 1856.

Protokoll der von dem Stande Zürich zusammenberufenen Eisenbahnkonferenz der eidgenössischen Stände Zürich, Luzern, Schwyz und Zug. (Vom 27. August 1857). In-fol. Litogr. 20 S.

Torelli, Luigi. Il S. Gottardo ed il Lucomagno. Torino (Panizza), 1857.

Millo. Ferrovia del Lucomagno. Genova, 1858.

1859.

Der St. Gotthard und die italienischen Seen. Ein Führer für Fremde von *H. A. Berlepsch.* Mit 21 Abbildungen und 3 Karten. In-8°. Leipzig (J. J. Weber), 1859.

Torelli, Luigi, senatore. Dell' avvenire del commercio europeo. 1859.
 ** Gegen einen an ihn von *Carlo Cattaneo,* dem unermüdlichen Vertheidiger des Gotthards, gerichteten Brief, (20. April 1857) vertheidigt Verf. den Lukmanier.

Grandis. Esame di alcuni passaggi delle Alpi elvetiche. 1859.
 ** Für den *Lukmanier,* speciell Greina Uebergang.

Welli, K., ingenieur. Resultate der Eisenbahnstudien über die Alpen. In-4°. Zürich (Orell Füssli & Cie.), 1859.

Ferrovia delle Alpi. Quarta memoria dell'ing. P. Lucchini. Con profili. In-4°. Locarno (tip. cantonale), 1859.
 ** Auch deutsch übersetzt, (o. d. o. und J. In-4°. Mit 2 Längenprofilen).

Carta dell' Italia superiore coi passaggi delle Alpi. Winterthur (Wurster & Cie.), 1859.

I passaggi delle Alpi e la ferrovia del Brennero. In-8". Milano (Annali universali di geografia ecc. ecc.), 1859.
 ** Autore l'ing. Luigi Tatti.

Genoux, Claude. Le percement des Alpes et la Savoie française. In-8°. Paris, 1860.

Lehaitre, ingénieur. De la traversée des Alpes etc. Paris. 1859.

1860.

Die kommerzielle und fiskalische Bedeutung des projektirten bündnerischen Strassennetzes. In-8°,

27 S. mit einer Karte. Bern (Jent & Reinert), 1860.

Sulla ferrovia da Genova a Milano e da Milano alle Alpi, memoria dell'ing. G. Sarti. Genova (Pellas), 1860.

La ferrovia di Como. (Für den Gotthard).
₊ In: „Politecnico," di Milano, anno VIII. 1860, p. 34—45.

Ponzetti, ingegnere. Sui diversi punti di passaggio delle alpi.
₊ Im mailändischen Blatte „La Perseveranza", 12 Juli 1860. — Für den Splügen.

Agudio, *T*. Al primo parlamento italiano. Alcuni schiarimenti sui progetti di strada ferrata attraverso le Alpi Elvetiche e proposta di passaggio del Septimer. (Con piano e profilo del passaggio di quest' ultimo). In-fol. Milano (Vallardi), 1860.

Piano e profilo del passaggio del Septimer da Colico a Coira e sistema di locomozione idraulica a trave rimorchiatore. Progetto *Agudio* (spiegato al N° 253 del giornale *La Perseveranza*, 2 Agosto 1860). Gr. in-fol. volante.

Paleocapa. Informazione sulle antecedenti pratiche relative all' incarico dato alla Commissione istituita col regio decreto 14 Maggio 1860. Torino (tip. reale), Giugno 1860.

Passage des Alpes. Chemin de fer de Locarno à Coire par le Lucmanier. Plan général. Echelle 1:100,000. Dressé d'après les instructions de M. *S. Michel*, ingénieur des ponts et chaussées, par M. *L. Pestalozzi*, ingénieur en chef. St. Gall, août 1860. 32 cm. hoch.

Passage des Alpes etc. Profil en long. Echelle de 1:100,000 pour les longueurs et 1:10,000 pour les hauteurs. St. Gall, août 1860. (Breit 189, hoch 32 cm.)

Memorial in Sachen des Gotthard-Passes (von der Regierung von Luzern an den hohen Bundesrath). In-4°, 18 S. Luzern (Meyer), 6. Juli 1860.

Mémoire du Conseil d'état du canton de Lucerne au Consei fédéral, au sujet du passage du St. Gotthard. 1860. Gr. in-4⁰. Bern (Rätzer).

An den Regierungsrath des Kant. Luzern. Schreiben des Gotthardscomité betreffend Aktienübernahme einer Eisenbahn Flüelen—Locarno. Gr. in-8⁰. (Luzern), 1860.

An den löblichen Stadtrath von Luzern, (gleiches Schreiben). In-8⁰, 10 S. (Luzern), 1860.

Cenni storici sul Lukmanier (dedicati al commercio di Genova e di Milano). Dell'avvocato Pietro Bianchi. In-8⁰. Lugano (Traversa e Degiorgi), 1860.

Lo Scoltetto ed il Consiglio di Stato del Cantone di Lucerna all'inclito Consiglio di Stato del Ticino (19 Settembre 1860). In-4⁰. (Circular).

₊ Es wird die Gründung eines Gotthardbahn-Comités zur Kenntniss gebracht.

All'inclito Consiglio di Stato del Ticino per essere comunicato al Gran Consiglio di cotesto cantone. (Luzern, 22 Settembre 1860). In-4⁰.

₊ Gleiches Schreiben vom Gotthard-Comité.

Flachat, Eugène. De la traversée des alpes par un chemin de fer. Gr. in-8⁰. Neuilly (Guillodet), 1860.

₊ Extrait des Mémoires de la Société des ingénieurs civils.

Rezension im „Politecnico" von Mailand, (Bd. VIII, S. 177 ff.) — „Eisenbahnzeitung" 1860, S 9, 14. — „Hannöver. Bauzeitung" 1860, S. 129. — „Zeitschrift östrch. Ing." 1860, S. 133, 159, 175. — „Dingler", Polit. Journal. Bd. 157c, S. 413. „Centralblatt" 1861, S. 104.

Flachat befürwortete den Gotthard und besuchte denselben vier mal. In einer zweiten Brochüre war er für den Simplon.

Eisenbahnen über die Alpen. Nach E. Flachat. (Aus seiner franz. Denkschrift in „Schweizerische polytechnische Zeitschrift" von Bolley & Kronauer). V. Bd. (Winterthur 1860). S. 12—16 & S. 46—51.

1861.

A Son Excellence, Monsieur le Comte de Cavour, président du conseil des ministres de S. M. le roi de Sardaigne, Turin. (Bâle, 20 février 1861). In-fol. litogr. 13 S.
   ₊ Eingabe des Gotthard-Comités.

A Son Excellence, Monsieur Peruzzi, ministre des travaux publics de S. M. le roi d'Italie. (Lucerne, 10 décembre 1861).
   ₊ Schreiben vom Gotthard-Comité.

Proposta di una nuova linea per una ferrovia da Genova al Lucomagno passando per Milano, con tav. topogr. In-8°. Milano (Bernardoni), 1861.

Passaggio del S. Gottardo per una via ferrata. Quinta memoria dell'ing. *Pasquale Lucchini*. Lugano (G. Bianchi), 1861.

Atti relativi alla ferrovia del Lucomagno (Risoluzione legislativa 13 Maggio 1861). In-8°, 8 p. Locarno (tip. cantonale).

Bericht des Lukmanier-Comité's an den Verwaltungsrath der Vereinigt. Schweizerbahnen. In-4°, 12 S. St. Gallen (Scheitlin & Zollikofer), 1861.
   ₊ Enthält eine kurze Geschichte des Lukmanierbahn-Unternehmens von seiner ersten Anregung in den 1840ger Jahren bis zum 31. Mai 1861.

Simplon, St-Gothard et Lukmanier, par le colonel fédéral *Barmann*, ancien ministre plénipotentiaire. In-8°, 68 p. Neuilly (typ. de Guiraudet), 1861.
   ₊ Recension in der „Schweiz. Eisenbahn-Zeitung" pag. 46—48 (1861), die auch kleinere Mittheilungen im ganzen Jahr 1861 enthält.

Schweizerische Alpenbahnen. (I. Was kostet die Gotthardbahn? II. Was die Lukmanierbahn? III. Zusammenstellung der verschiedenen Projekte. IV. Verkehr und Ertrag.
   ₊ In: „Archiv für schweiz. Statistik", 1861, N° 4, S. 33—37, und N° 6, S. 55—57.

Progetto di ferrovia attraverso le Alpi pel passo dello Spluga, dell'ing. *Quadrio Camillo*. In-fol.,

(s. a. indz.), 49 p., con tavola di profili. Sondrio, 1° Settembre 1861.

Ueber Bergbahnen, von Ingen. J. E. Siegwart.

*₊ Enthalten in: „Kathol. Schweizerblätter für Kunst und Wissenschaft", III. Jahrgang, 1861, S. 241—47 (Luzern, Räber).

Le ferrovie ticinesi (sign. *O*.) 16 p. Locarno (tip. cantonale), 1861.

Osservazioni intorno alla questione delle strade ferrate nel Cant. Ticino. 13 p. Locarno (ibid.), 1861.

Intorno ad una ferrovia tra Locarno e Bellinzona. Memoria dell'ing.-arch. Giuseppe Franzoni. Con carta topogr. In-8⁰. Locarno (ibid.), 1861.

Osservazioni intorno alla questione delle strade ferrate nel Canton Ticino. In-8⁰, 13 p. Locarno (ibid.), 1861.

La questione ferroviaria ticinese ed il capitolato Strousberg. In-8⁰. 1861.

Osservazioni sulla inutilità e danno delle costruzioni di piccoli tronchi isolati di strade ferrate, per Carlo Du Coster. In-8⁰, 15 p. Locarno (tip. cantonale), 1861.

Strade ferrate ticinesi. Alcune parole intorno al prestito proposto nel capitolato Strousberg, In-8⁰. (O. d. o.) 1861.

Atti della Commissione istituita con decreto reale 14 Maggio 1860 per lo studio del miglior passaggio delle Alpi Elvetiche mediante una ferrovia che congiunga la rete delle strade ferrate del Regno d'Italia con quelle della Svizzera, presentati al sig. ministro dei lavori pubblici il 9 Aprile 1861, ed appendice contenente altri atti presentati posteriormente. Gr. in - 4⁰, 243 p., con tab., carte e prof. Torino (Ceresole & Panizza), 1861.

Ai supremi Consigli della Confederazione Elvetica (1861? — sign. „Alcuni ticinesi"). Memoria sulle ferrate ticinesi, con carta topogr. della valle del Ticino dal Lago Maggiore a Bellinzona. In-8°, 16 S. O. d. o.

Bericht des Regierungsrathes des Kantons Luzern an den Grossen Rath betreffend Staatsbetheiligung beim Bau einer Gotthard-Eisenbahn. (Vom 24. April 1861.) In-8°. O. d. o.

Bericht an die Einwohnergemeinde-Versammlung Luzern betreffend Betheiligung an dem Bau einer Gotthard-Eisenbahn. (Vom 27. April 1861.) In-4°. Luzern, o. d. o.

Bericht über Betheiligung des Staats am Gotthardbau- und Ostwestbahn-Unternehmen. (Vom 12. Herbstmonat 1861.) In-8°. O. d. o.

Ferrovia attraverso le Alpi Elvetiche. Rapporto della Commissione nominata dal Collegio degli ingegneri della provincia di Pavia. Con 2 tavole. In-8°, 60 p. Milano (editori del „Politecnico", tip. P. Agnelli), 1861.
⁎ Estratto dal vol. XI del „Politecnico". — Für den September.

Sul modo di valicare con ferrovie le alte montagne. Pensieri d'un anonimo. Con tav.

Di una rete di congiunzione delle ferrovie Lombarde e Piemontesi colla linea del Lucomagno, dell'ing. *Luigi Tatti*. Con carta topogr.

Alcune quesiti da risolvere per la scelta della miglior linea ferrata a traverso le Alpi Elvetiche, dello stesso.
⁎ Die drei obigen Artikel enthalten im: „Politecnico" di Milano, Bd. X (1861), S. 448—468, 663—678, 722—726.

Die Alpen-Eisenbahnen: Lukmanier, Gotthard und Splügen.
⁎ In: „Eisenbahn-Zeitung", 1861, S. 53, 63 (Stuttgart). — „Polytechn. Centralblatt", 1861, S. 707.

Villa-Pernice, Angelo. Passaggio di una ferrovia per le Alpi. 1861.

Ferrovia delle Alpi pel Monte Settimo. Progetto eseguito per ordine della giunta municipale di Milano dalla Commissione a ciò delegata (Ing.

Milesi, Bignami, Vanossi et Daina). Milano (tip. Domonico Salvi), 21 Novembre 1861. In-8°, 29 p., con 3 tav.

Lettere relative alla quistione delle ferrovie ticinesi, estratte dal giornale „La Democrazia" (23 e 25 novembre 1861). Locarno, 12 p. in-8°.

1862.

Bericht des engern Gotthard-Comité an das grössere Gotthard-Comité. (Vom 31. Juli 1862. In-8°, 8 S. O. d. o. 1862.

Lusser, Karl Franz. Geschichte des Kantons Uri als Freystaat bis zur Verfassungsänderung vom 5. Mai 1850. In-8°. Schwyz (Eberle & Söhne), 1862.

La questione del passaggio delle Alpi Elvetiche con una ferrovia. Rapporto della Commissione nominata dal Consiglio provinciale di Milano, presentato al Consiglio stesso nella tornata 15 Dicembre 1861, sessione straordinaria. Con 6 tavole. Gr. in-8°. Milano (editori del „Politecnico"), 1862.

Sulla questione del passaggio delle Alpi Elvetiche, lettera dell'ingegnere *Filippo Bignami*. In-8°. Milano.

Dott. G. G. Linea di transazione per una ferrovia alle Alpi Elvetiche. In-8°, 70 p., con carta topogr. Como (A. Giorgetti), 1862.

Schmid, E. Die Ueberschreitung der Alpen mittelst einer Eisenbahn. Vom schweiz. Standpunkt aus allgemein beleuchtet. Mit 1 lithogr. Plane u. 1 Tab. In-8°. Bern (Fischer) 1862.

Willy. Ueber Gebirgs-Eisenbahnen, mit besonderer Rücksicht auf die Ueberschreitung der Alpen.[1)]
  ** In: „Polytechn. Centralblatt", Leipzig 1862, S. 419. — „Organ für die Fortschritte des Eisenbahnwesens etc.", 1861, S. 181.

[1)] Wir können alle verschiedenen Bergbahn-Systeme hier nicht einreihen. Möge man dafür das „Repertorium der technischen Literatur" von Prof. *Benno Keel* (Leipzig 1871--1880) nachschlagen.

Escursioni nel Cantone Ticino del Dr. Luigi Lavizzari. Lugano (Veladini), 1862.

⁂ Siehe Heft IV, S. 633-643: „Progetto di ferrovia pel Gottardo".

Di un nuovo sistema di piani automotori, per valicare con ferrovie le alte montagne, mediante l'innalzamento dei convogli, applicabile al passaggio delle Alpi e degli Apennini; e considerazioni pratiche sui sistemi funicolari. Memoria dell'ing. *Giuseppe Antonini*. Con 2 tav.

⁂ Im: „Politecnico", Band XII, 1862, S. 184—198. — Projekt für Splügen und Lukmanier.

Jacquemin, Ch. Développements complémentaires d'un avant-projet de chemin de fer par le Simplon. Publiés par ordre du Gouvernement vaudois. Avec 2 planches. In-fol. Lausanne (Bridel), Août 1862.

Traversée des montagnes, etc. — Traversata delle montagne con aria compressa ed in tunnel metallici per *T. Berrens*, ingegnere in capo delle ferrovie lombardo-venete. 1862.

1863.

Beschluss des Ständerathes betreffend die Eisenbahn Chiasso - Biasca durch Mendrisio und Lugano, mit einer Abzweigung nach Locarno. (Vom 22. Juli 1863.) In-8°. O. d. o.

Un mot sur le passage des Alpes à l'occasion de la question du rachat des chemins de fer par la Confédération, par *Louis Aubert*, Col. féd. Lausanne, 1863.

Jacini, Stefano, deputato. L'Italia e la Svizzera nella questione della ferrovia delle Alpi Elvetiche. Memoria, con tav. e carta. Gr. in-8°, 54 p. Milano (Lombardi), 1863.

Thouvenot, Ch. Un moyen de franchir les Alpes ou toute autre chaîne de montagnes par un chemin de fer. In-4°. Paris et Lausanne, 1863.

Paleocapa, P., ing. Memoria sulla ferrovia attraverso le Alpi Elvetiche o sul tracciato migliore delle linee sub-alpine per congiungere la rete svizzera colla italiana. Gr. in-8°, 49 p. Torino (Favale & C°), 1863.

Ciardi, Gio. Rapporto sulla memoria dell'ing. P. Paleocapa sulla ferrovia che attraversa le Alpi Elvetiche, etc. In-8°. 1863.

Rapporto della Commissione nominata dalla deputazione provinciale di Genova per studiare la questione della ferrovia attraverso le Alpi Elvetiche. Progetto di massima della rete ferroviaria ticinese, Maggio 1863. In-4°, 16 p. Lugano (Bianchi), 1863.

Mémoire sur la question du passage des Alpes par les voies ferrées suisses, adressée au Conseil fédéral par les Gouvernements des cantons de Glaris, Appenzell, St-Gall, Vaud, Grisons, Valais et Genève, réunis en conférence à St-Gall le 14 Septembre 1863. In-8°. Lausanne (G. Bridel), 1863.

Denkschrift betreffend Ueberschienung der schweizerischen Alpenpässe, dem schweiz. Bundesrath eingereicht durch die Regierungen der am 14. September 1863 zu St. Gallen in einer Conferenz repräsentirt gewesenen Kantone Glarus, Appenzell beider Rhoden, St. Gallen, Graubünden, Waadt, Wallis und Genf. Gr. in-8°. St. Gallen (Kälin), 1863.

All'assemblea federale. Memoria del comitato della Società promotrice della ferrovia meridionale ticinese circa la necessità della iniziativa federale per la costruzione d'una ferrovia attraverso le Alpi. In-8°, 12 p. Lugano (Veladini), Gennaio 1863.

⁂ Recension im „Politecnico" von Mailand, Fasc. III, März 1863.

Mémoire sur un nouveau système de traction sur les plans inclinés des chemins de fer et des mines par le moyen d'un moufle différentiel à double effet ou locomoteur-funiculaire par le chevalier Thomas Agudio. Turin, 1863.

1864.

Ott et *B. Gubser.* Balance aéro-hydrostatique, système Seiler; son application pour l'élévation des trains de chemin de fer dans des tunnels en vue de la traversée des Alpes. Avec 1 pl. In-8°. Berne (Rieder & Simmen), 1864.

Schnyder, Dr. (Vater). Neue Ideen über Bau und Betrieb der Bergbahnen (Freiburg, 13. April 1864). Mit 1 Tafel. In-8°, 14 S. O. d. o.

Schmid, E., Ing. Die Ueberschienung der Alpen mittelst einer Eisenbahn. Vom schweizerischen und internationalen Standpunkt aus allgemein beleuchtet. Nach der über den gleichen Gegenstand im Januar 1862 von dem Verfasser herausgegebenen Schrift. Mit 2 lithograph. Tafeln. Gr. in-4°. Bern (Konrad & Allemann), Juli 1864.

Bericht des eidgen. Departements des Innern an den Bundesrath betreffend die Erstellung einer Alpeneisenbahn. In-8°. Bern (Weingart), 1864.

Pareto, Rafaele, ing. Il valico delle Alpi Elvetiche colle ferrovie.
  ⁎⁎⁎ In: „Politecnico", vol. 9, 1864, Luglio.

Memoria della società Sillar, al Gran Consiglio della Repubblica e Cantone del Ticino (Lugano, 30 Maggio 1864). In-8°, 30 p.

La diretta Milano-Saronno-Mendrisio rivendicata quale opportuna sezione di linea per una ferrovia alle Alpi Elvetiche. Memoria del Dr. Giuseppe Grilloni. In-8°, 72 p., con carta. Como (A. Giorgetti), Marzo 1864.

Memoriale spiegativo della dimanda di concessione delle ferrovie ticinesi a favore della società della ferrovia di Alzo in persona del sottoscritto avv. Pier Carlo Boggio. In-8°. Torino (Seb. Franco & figli), 1864.

Boccardo, Gerolamo. Lucomagno o Gottardo? Memoria intorno alla questione del passaggio ferroviario delle Alpi elvetiche. In-8°. Genova, 1864.

Relazione degli ing. Augusto Vanotti, Gius. Antonini, Gius. Vanossi e Giov. Bellini sui *nuovi progetti* studiati nel 1863—64 a cura della Società A. Vanotti e Finardi, per mandato e per conto della provincia di Milano, per la ricerca del miglior passaggio delle Alpi Elvetiche orientali ai varchi dello Spluga e del Septimer mediante una ferrovia che congiunga la rete delle strade ferrate del Regno d'Italia con quello della Svizzera, e presentati alla Deputazione provinciale di Milano il 9 Aprile 1864. Milano (tip. Lombardi), Luglio 1864.

Le chemin de fer pneumatique par Charles Bergeeon. Fribourg, (7 septembre 1864),

Die Gotthardbahn in kommerzieller Beziehung. Mit Beilagen und Karte. In-8°, 130 u. 14. S. Zürich (Ulrich), 1864.

Le chemin de fer du St. Gothard sous le Rapport commercial. In-8°. Zürich (Ulrich), juillet 1864.

La ferrovia del Gottardo nell'aspetto commerciale. In-8°. Lugano (Veladini), 1864.

Gotthardbahn. Begründung der Distanztabellen u. praphische Darstellung der Verkehrsgebiete. Nachtrag zum kommerziellen Gutachten. Gr. in-fol. Basel, 1864.

Projet d'un chemin de fer par le St. Gotthard dressé à la demande du Comité du St. Gotthard par *A. Beckh* à Stuttgart et *R. Gerwig* à Carlsruhe, avec le projet de *K. Wetli* à Lugano. (Avec 13 gr. plans et profils). Gr. in-fol. obl. Zürich u. Winterthur, 1864.

1865.

Die Gotthardbahn in technischer Beziehung und Rentabilitätsrechnung auf Grundlage des kommerziellen u. technischen Gutachtens, (von *A. Beckh* und *R. Gerwig*), nebst geologischen und meteorologischen Beilagen und einem Bericht des Ingenieurs *K. Wetli* über das von ihm vorgeschlagene Projekt einer Gotthardbahn etc. Gr. in-8°, S. 102 — 133 — 68 — 10. Zürich, (Ulrich), 1865.

Le chemin de fer du St. Gothard sous le rapport technique. Calcul du rendement. In-8°. Zürich Zürcher et Furrer), 1865i

Intorno ai varj progetti di una ferrovia pel Gottardo tra l'Italia e l'Europa centrale, di *Cemda Mattross*. (Göschenen, Nov. 1865).
  ₊ In: „Politecnico", vol. XXVII, fasc. III (1865), Nov. 1865, p. 196—230.

Die Gotthardbahn. 5 Jahre Bauzeit. 40 % Oekonomie. Thun im August 1865 (von *L. Blotznitzki*), In-8°. Thun (Marti), 1865.

Les chemins de fer alpestres et le St. Gothard par M. *Feer-Herzog*. Gr.-in-8°.
  ₊ Extr. de la „Revue des deux Mondes". Paris (Claye). Livr. du 15 nov. 1865.

Sulla ferrovia dalle Alpi elvetiche all' Europa centrale. Lettera ai cittadini genovesi del Dr. Carlo Cattaneo.
  ₊ Nel „Politecnico" di Milano, fasc. III, vol. XXIV 1865, p. 253 e seg.
— — In-8°. Lugano (Veladini), 1865.

Einige Worte über eine Gotthardbahn mit besonderer Rücksicht auf das Reussthal in technischer Beziehung, von *S. Anselmeier*, ing. von Genf. In-8°. Lachen (bei Eberle-Brändli), 1865.

Bericht des Regierungsrathes an den h. Grossen Rath des Kts. Zürich zu dem Beschlusses-Antrag betreffend Betheiligung bei dem Unternehmen der Erbauung einer Gotthardbahn. (11. Oktober 1865).
  ₊ Vergl. „Zürcher Amtsblatt" vom 17. Oktober 1865.

Bericht und Antrag des engern Stadtrathes von Luzern an die Tit. Versammlung der Einwohnergemeinde Luzern vom 29 Oktober 1865 über den Stand des Gotthardbahn-Unternehmens und die nähere Präzisirung des Betheiligungs-Beschlusses vom 18. August 1861. (Vom 10 Oktober 1865). In-4°. Luzern (Meyer), 1865.

Bericht und Antrag des Regierungsrathes des Kts. Luzern an den Grossen Rath (betreffend die Betheiligung am Unternehmen einer Gotthardbahn und Bern-Luzern-Bahn. 2. August 1865). In-8°. O. d. O.

Bericht und Antrag der Grossrathscommission des Kts. Luzern an den Grossen Rath (betreffend einer Betheiligung am Unternehmen einer Gotthardtbahn und einer Bern-Luzern-Bahn, vom 28. Weinmonat 1865). In-8°. O. d. O.

Dula, N. Rede gehalten im Grossen Rath des Kts. Luzern in der Debatte über die Gotthard-Subvention.
  ** Beilage zu N° 310 des „Luzerner Tagblattes" 1865). Gr.-In-4".

Antrag von siebenzehn Einwohnern der Stadt Luzern für eine Subvention an eine Gotthard-Eisenbahn im Betrag von Fr. 800,000. — (Vom 20. Oktober 1865). In-4°. O. d. O.

Zuschrift des Gotthardcomité an die k. preuss. Handelskammer. Luzern, 4. Oktober 1865.

Die Alpenbahn und die Grimsel. Ein ernstes Wort an das Bernervolk, vom Grimselkomite. Bern, 1865.

Expertenbericht betreffend die Frage einer Alpenbahn über die Grimsel. Bern, 28. Februar 1865.

Ueber den gegenwärtigen Stand der schweiz. Alpenbahnfrage. (Separatabdruck aus der schweiz. Eisenbahn- und Handelszeitung). Zürich, 1865.

Der Eisenbahnbetrieb in Gebirgsgegenden mittelst Luftdruck, erzeugt durch Wassersäulen, von Vinzenz Huber. Mit 1 Kärtchen. Luzern, 1865.

Nuovi studj commerciali e tecnici per la scelta del passaggio attraverso le Alpi Elvetiche di una ferrovia che congiunga la rete delle strade ferrate del Regno d'Italia con quelle dell' Europa centrale. Parte prima: studj commerciali. Torino, 5 Agosto 1865.

Grattoni, L. Relazione sull' esecuzione della grande galleria pel passaggio delle Alpi Elvetiche coi mezzi in attività al traforo del Moncenisio. In-4°. Torino, 1865.

Quadrio, Camillo, ing. Progetto di ferrovia attraverso le Alpi pel passo dello Spluga.
   ※ In: „Politecnico", vol 10 (1865). Febbrajo e marzo.

Stamm, G. Del sistema funicolare Agudio e delle sue applicazioni. In-8°. Milano, 1865.

Estratto della relazione di accompagnamento del progetto di massima per l'apertura di strade ferrate nel Cantone Ticino stesa dal cav. Carbonazzi, ispettore nel corpo del genio civile di S. M. Sarda, autore di esso progetto e presentato al lod. Governo del Cantone Ticino colla data del 28 Novembre 1845, stampata in Lugano nello stesso anno. In-8° (29 p.). Lugano (tip. cantonale), 1865.

Relazione fatta dal prof. *Giovanni Omboni* sulle condizioni geologiche delle ferrovie progettate per arrivare a Coira passando lo Spluga, il Settimo e il Lucomagno.
   ※ Extr. „Atti società italiana di scienze naturali". Milano (Bernardoni), vol. VIII, 1865.

Rapporto della commissione istituita per l'esame geologico delle grandi gallerie progettate attraverso le Alpi Elvetiche (per *A. Sismonda, A. Stoppani* e *F. Giordano*), 1865.

Rapporto intorno la scelta del varco alpino Elvetico più conveniente per congiungere Genova all' Europa centrale. Genova, 1865.

Die schweiz. Alpenbahnen in militärischer Beziehung, von *F. von Salis,* eidg. Oberst, *J. von Salis,* eidg. Oberst und *Hofstetter,* eidg. Oberst. (Zugleich Kritik der Brochüre: „Die Gotthardbahn in militärischer Beziehung, von eidg. Oberst Schwarz und eidg. Oberstlieutenant Siegfried; Aarau 1865".) 22 S. St. Gallen (Kälin), September 1865.
   ※ Für den Lukmanier.

Die Gotthardbahn in militärischer Beziehung, von
S. *Schwarz*, eidg. Oberst u. *H. Siegfried*, eidg.
Oberstlieut. In-8⁰, 25 S. Aarau (F. G. Martin),
1865.

Le chemin de fer du Gothard au point de vue
militaire, par *S. Schwarz*, colonel féd. et *H.
Siegfried*, lieut. col. féd. 1865.

Die schweiz. Alpenbahn, von *C. Widmer*, General-
sekretär des Gotthardcomité. 54 S. Zürich (Da-
vid Bürkli), 1865.

Intorno alla determinazione delle tariffe dei tras-
porti sulle ferrovie alpine del Lucomagno, dello
Spluga e del S. Gottardo. Nota del comitato
promotore della ferrovia del Lucomagno. In-8⁰.
Genova-Firenze (fratelli Pellas), 1865.

Simplon, St. Gothard et Lukmanier. Etude com-
paratives de la valeur technique et commerciale
des voies ferrées projetées par ces passages al-
pins italo-suisses. Mémoire présentée par le co-
mité du Lukmanier. Avec cartes. Gr.-in-8⁰.
Lausanne (société vaudoise de typographie),
1865.

Die Lukmanierbahn in techn. finanzieller u. kom-
merzieller Beziehung und Vergleich mit der
Gotthardbahn. Mit 2 Karten und Tab. In-fol.
25 Bogen. St. Gallen (Zollikofer), 1865.

₊ Vom Lukmanier-Comité herausgegeben.

Kritische Beleuchtung der Gotthard-Literatur der
Herren Koller, Schmidlin und Stoll. Antwort
auf die neuste Brochüre: „Die Gotthardbahn u.
ihre Concurrenten". In-4⁰. St. Gallen (Zollikofer),
1865.

Zur Simplon-Literatur. Antwort auf die Schrift:
„Kritische Beleuchtung der Gotthardtliteratur".
Von Koller, Schmidlin und Stoll. In-8⁰, 16 S.
Zürich (J. J. Ulrich), 1865.

Antrag der Direktion der Nordostbahn an die am
19. Oktober 1865 stattfindende Generalversamm-
lung der Aktionäre betreffend finanzielle Be-

theiligung der Nordostbahngesellschaft bei der
Ausführung einer Gotthardbahn.

Die Gotthardbahn in kommerzieller Beziehung.
Die Gotthardbahn in technischer Beziehung.
Die Gotthardbahn in militärischer Beziehung.
Simplon und Lukmanier.
Nochmals von der Lukmanierbahn.
Die Alpenbahn u. ihre Bedeutung für die Schweiz.
Die militärische Bedeutung des Zweilinionsystems
   in der Alpenbahn.
Die Stellung des Bundes zur Alpenbahnfrage.
Die Alpenbahn in der Bundesrevision.
   ₁ Enthalten in: „Sonntagspost". (Bern, Wyss). Jahrg.
I, 1865. N° 37, 38, 39, 43, 45, 46, 47 und 55.

Gothard, Lukmanier ou Splügen sous le rapport
commercial considéré spécialement au point de
vue de la Suisse. Réponse à un article ano-
nyme de la „Borsa". Florence, septembre 1865.

Schweiz. Handels- und Eisenbahnzeitung. N° 136.
Zürich, 18. November 1865.

Die Handels- und Verkehrsinteressen der verschie-
denen Schweizerkantone und ihr Verhältniss zu
den projektirten Alpenbahnen. Lausanne - St.
Gallen, Oktober 1865.

Das Klima des Gotthard und Lukmanier, von Dr.
Oswald Heer, Prof. am eidg. Polytechnikum.

Brügger, Ch. G. Lukmanier und Gotthard; eine
klimatologische Paralelle. Mit 2 Tfln.
   Im „Jahresbericht der naturf. Gesellschaft Graubünden.
Neue Folge. Bd. X, 1865, p. 1-19.

Bollotino trimestrale del Club alpino di Torino,
N° 3 dell' anno 1865.

Etude sur les chemins de fer atmosphériques par
J. Daigremont. Turin, Octobre 1865.

Des bases de comparaison des chemins de fer par
les Alpes Suisses sous le rapport commercial.
(Août 1865).

Riassunto degli elementi commerciali e tecnici
attinti agli studj di ultimo eseguiti a cura del

Comitato di Lucerna in vista della costruzione della ferrovia del Gottardo. (Luglio 1865.)

Il Lucomagno paragonato al San Gottardo in ordine al passaggio ferroviario delle Alpi Elvetiche. Esposizione del Comitato promotore della ferrovia del Lucomagno. Genova - Firenze (tip. Fratelli Pellas), 1865. Gr. in-8°, XII e 224 p., con 1 tav.

1866.

Planta, P. C. Dr. Die Bündner Alpenstrassen historisch dargestellt. In-8°. St. Gallen (Scheitlin & Zollikofer), 1866.

Ferrovia delle Alpi Elvetiche. Progetto di legge per concedere al governo la facoltà di prender parte ad un consorzio internazionale per promuovere l'esecuzione di una ferrovia attraverso il San Gottardo e documenti giustificativi. Vol. I (Studj tecnici e commerciali, relazione e progetto di legge). Vol. II (Studj commerciali e documenti giustificativi). 2 vol. Gr.-in-4°. Firenze (tip. Tofani), 1866 con 10 carte geogr., tav. geolog. tecniche etc. etc.

**,* Ausgezeichnete Publikation mit Beiträgen von den ing. Agudio, Fell, Biglia etc. abate Stoppani.
Im Jahre 1869 wurde sie in Zürich vom Gotthardcomité französisch veröffentlicht.

Ministero degli affari esteri. Documenti diplomatici presentati al Parlamento 1866. Gr.-in-4°. Firenze (credi Botta).

, Vergl. S 137—154: *Ferrovia* attraverso le Alpi Elvetiche (9 diplomatische Schreiben zwischen Italien und der Schweiz gewechselt im Jahre 1866 den Gotthard betreffend).

Sammlung der auf das schweiz. Eisenbahnwesen bezüglichen Akten. Bern. Bd. V (1863—66).

, Vergl. „Chiasso-Biasca-Lukmanier-Bahn". S. 23, 30, 109, 132, 249.

Der Kanton Tessin und die Alpenbahnfrage. Ein offenes Sendschreiben an Freund und Feind von J. F. Peyer im Hof. In-8°, 46 S. Zürich (David Bürkli), 1866.

Il Cantone Ticino e la questione ferroviaria alpina. Lettera pubblica agli amici ed ai nemici, di G. F. Peyer im Hof. In-8°. Lugano (Veladini), 1866.

Extrait des Bulletins de la Société industrielle de Mulhouse. Rapport présenté au nom du Comité de Commerce sur le chemin de fer projeté par le Saint Gothard par M. *Iwan Zuber*. (Séance du 28 mars 1866).

Das Baukapital für die Gotthardbahn von C. Widmer. Zürich, Juni 1866.

La ferrovia del S. Gottardo considerata nel rispetto economico dell'ing. *Pietro Paleocapa*, già Ministro dei lavori pubblici nel regno di Sardegna. Torino, 1866.

Der militärische Gesichtspunkt in der Alpenbahnfrage, von *Hermann Müller*, Betriebschef der S. N. O. B. Zürich (Schabelitz), April 1866.

Der Kanton Schwyz in der Alpenbahnfrage. Denkschrift an den hohen Bundesrath vom 31. März 1866. Mit 1 Tab. In-8°. Schwyz (Eberle & Söhne), 1866.

Tessinische Eisenbahnpolitik.
Zur Alpenbahnfrage.
Die neueste Phase in der Frage der Alpenbahn.
Tessin und die Alpenbahn.
Zur Alpenbahnfrage.
Der Gotthard und die Flanken.

₊ Enthalten in: „Sonntagspost", 1866. N° 1, 2, 7, 8, 10, 12, 13.

Rivista ferroviaria, foglio settimanale. Lugano (Traversa e Degiorgi).

₊ Erschien das Jahr 1866 hindurch. Abonnementspreis 6 fr. — Diente als Stütze der Sillar'schen Eisenbahn-Gesellschaft bei den tessinischen Thalbahnen.

Schwabe. Die Eisenbahn-Verbindungen mit Italien unter besonderer Berücksichtigung der Gotthard-Linie.

₊ In: *Erbkam's* „Zeitschrift für Baukunde", 1866. S. 105 f.

Rapporto sul progetto di legge relativo al passaggio ferroviario del Gottardo presentato dal Ministro dei lavori pubblici al parlamento italiano nella tornata del 25 Febbraio 1866. In-4⁰. Lugano (Veladini), 1866.

Ricerche sulle linee di connessione della ferrovia alpina svizzera da Bollinzona alla rete italiana per cura dell'ing. G. Wetli. Gr.-in-8⁰. Lugano. (tip. cantonale), 1866.

Message du Conseil fédéral à la haute assemblée fédérale, concernant la position des chemins de fer tessinois. (Du 28 novembre 1866).

A. v. Clossmann. Die Alpenbahnen als Transitverkehrslinien und ihr Einfluss auf die Vorkehrswege von Schaffhausen. (Vortrag). Schaffhausen, 1866.

Nouveau système de construction et de traction pour les chemins de fer des montagnes et des Alpes sans long tunnel ni galeries, exploitables en toute saison. Fribourg, 1866.

E. Dapples. Etude sur l'application des forces hydrauliques à l'exploitation des chemins de fer de montagne et en particulier sur les chemins de fer pneumatiques. Lausanne, 1866.

Die schweizerische Alpenbahn.
　⁎　In: „Sonntagspost", 1867, N° 37.

Seiler, Nationalrath. Vortheile des pneumatischen Systems bei Alpenbahnen. In - 8⁰. Interlaken, 1866.

1867.

Projekt einer schweiz. Alpenbahn über den Lukmanier. Auseinandersetzung der technischen, kommerziellen u. finanziellen Verhältnisse. Mit 6 Tfln. Gr.-in-8⁰. St. Gallen (Zollikofer), Mai 1867.

Al Lod. Consiglio di Stato della Repubblica e Cantone del Ticino (sign. Carlo Cecovi). Memoria pella Società Sillar. In-8⁰. Milano (tip. Pirola), 1867.

Schnyder, J., Vater. Neue technische Hülfsmittel um Berg- und Alpenbahnen nach dem obern Tracé herstellen zu können. Als Beitrag zur Lösung der Alpenbahnfrage in technischer Beziehung. Mit 1 Taf. In-8°. Luzern (Kilchsperger), 1867.

Système Agudio. — Locomoteur avec adhérence au moyen du Rail Central. — Poulies Support du Câble. Résumé des opinions des diverses commissions techniques sur ce système de traction expérimenté à Dusino. Turin, 1867.

1868.

Strata ferrata da Chiasso a Lugano. Esposizione tecnico-commerciale e progetto finanziario colla relativa concessione. 20 p. Lugano (Veladini), 1868.

Entwurf für Ueberschienung der Alpen mit Zahnradbetrieb. Mit 2 Lith. (von N. Riggenbach, O. Zschokke). In-8°. Aarau (Sauerländer), 1868.

Vorschlag zur Ausführung der Gotthardbahn, von Ing. Koller. Basel, December 1868.

Die Eisenbahn Chur-Triest.
Wetli's Gebirgslokomotive.
Der schweizer. Ingenieur- und Architektenverein über die schweiz. Alpenbahn.
 ₊ Enthalten in: „Sonntagspost", 1868, N° 6, 28, 29, 44.

Die Construction der Bahnlinien und der Berglocomotive für das gemischte Betriebssystem zum Dienste einer nach oberm Tracé angelegten Alpenbahn, von Dr. J. Schnyder, Vater. In-8°. Luzern (Kilchsperger), Februar 1868.

Ferrovia di montagna a sistema di locomozione ordinario. Progetto di nuovi congegni per ottenere l'aderenza e la forza per Settimio Maggiorani. Firenze, 1868.

1869.

Projekt einer Eisenbahnverbindung zwischen dem Bodensee und Lago Maggiore (mit Trajektsystem am Pizzo Pettano). In-8. Nürnberg, 1869.

An den schweiz. Bundesrath. (Der „Ausschuss der Gotthardvereinigung" über die Grundlagen betr. das Zustandekommen einer Gotthardbahn. Luzern, 22. April 1869). In-fol. O. O. Dr. u. J.

Konzessions-Akt des eidg. Standes Zug für die Herstellung einer Eisenbahn von Zug bis an die Grenze des Kantons Schwyz, als Bestandtheil einer Gotthardbahn. (Vom 23. Brachmonat 1869). In-8°. O. d. O.

Botschaft betreff. die Konzessionen für eine Gotthardbahn auf den Gebieten der Kantone Tessin, Uri, Schwyz, Zug und Luzern, ferner die Konzessionen für eine Splügenbahn auf dem Gebiete des Kts. Graubünden. (V. 19. Juli 1869).

Les projets des chemins de fer par les Alpes helvétiques. Enquête technique et commerciale, ordonnée par le Gouvernement italien. Traduction française publiée par le Comité du Saint-Gothard. Gr.-in-4°, 1250 p. et cartes et pl. Zürich (David Bürkli), janvier 1869.

Protocol final des conférences internationales qui ont eu lieu à Berne en septembre et octobre 1869, entre la Confédération de l'Allemagne du Nord, le Grand-Duché de Bade, le royaume d'Italie, la Confédération suisse et le royaume de Wurtemberg pour la construction du chemin de fer par le St-Gothard. (Du 13 octobre 1869). In-fol. Bern.

₊ Uebergehe die speziellen Tractate, für welche das Bundesblatt verglichen werden kann.

Bericht der ständeräthlichen Kommission über die Eisenbahnkonzessionen für die Gotthardgruppe und die Konzession für den Splügen. (Vom 18. Oktober 1869). In-8°.. Bern.

Bericht der Minderheit der nationalräthlichen Kommission etc. (Vom 21. Okt. 1869). In-8°. Bern.

Denkschrift der Regierung des Kts. Graubünden an die schweiz. Bundesversammlung in der Alpenbahnfrage. Chur, 16. Oktober 1869.

Die Schweiz und die Alpenbahn.
Die Gotthardbahn.
Zur Gotthardfrage.
Die Alpenbahn.
Die Gotthardbahn gesichert.
Alpenbahn und Bundesversammlung.

₀ Enthalten in: „Sonntagspost", 1869, N° 10, 13, 16—18, 42 und 43.

Die Bedeutung der Gotthardbahn für den Kanton Bern. Bern, 23. November 1869.

Das Recht der Ostschweiz in der Alpenbahnfrage, von *F. Gengel*, Redaktor des „Freien Rhätiers". Chur, 1869.

Die Gotthardbahn und ihr Verhältniss zu Baden, von Busch. Karlsruhe, 1869.

Les avantages du Simplon sous le rapport de la construction et de l'exploitation d'un chemin de fer, par de Stockalper, ing. Avec 5 pl. In-4°. Lausanne, 1869.

Zur Alpenbahnfrage. Ob tiefe Linie mit langem Tunnel oder hohe Linie mit kurzem beziehungsweise ohne Tunnel? In Folge Voranstaltung der Gotthardbahn als Manuscript gedruckt. Gr. in-8°. Zürich (Zürcher & Furrer). 1869.

Bericht der zur Begutachtung der über den Mont-Cenis führenden Fell'schen Eisenbahn entsendeten Commission. Hinter-Brühl, 31. Juli 1869.

Cenni sulla applicabilità del sistema Agudio al passaggio ferroviario del S. Gottardo desunti da un progetto degli ingegneri *Ernesto Stamm* e *Filippo Giussani*. Gr.-in-8°, 42 pag. con tab. Milano (Bernardoni), 1869.

Aperçu sur l'application du système Agudio au chemin de fer du Saint-Gothard et de ses diramations. Extrait du projet des MM. Stamm et Giussani, ing. civils. Milan, mai 1869.

Wetli's Locomotiv-System für Gebirgsbahnen. Gutachten der im Auftrag des schweiz. Bundesrathes niedergesetzten Commission des eidg. Polytechnikums. Herausg. vom eidg. Departement des Innern. Zürich, 31. Mai 1869.

Schnyder, J., Vater. Die Konstruktion der Bahnlinie und der Berglokomotive zu Diensten einer nach dem obern Tracé erstellten Alpenbahn. Mit 2 Tfln. In-8°. Freyburg, Schweiz (Labastrou), 1869.

Schnyder, J., Vater. Zwei neue Hülfsmittel zur Verstärkung der Adhäsion der Treibräder bei Berglokomotiven. Mit 1 Tafel. In-8°. Luzern (Bolzern), 1869.

The Swiss Alpine Railway, St. Gotthard.
₊ In: „Engineering", v. 7, (1868), 316 p.

Notizen aus dem Protokoll der Conferenz über die St. Gotthardbahn.
₊ In: „Deutsche Bauzeitung". Berlin 1869. S. 233, 335.

Köpcke. Die Projekte einer Eisenbahnverbindung zwischen Italien und der Schweiz.

Segesser, A. Ph., Nationalrath. Carl Emanuel ing. Müller, († 1. Dezember 1869).
₊ In: „Luzerner Zeitung", 1869. Auch wiedergegeben in seiner Sammlung kleiner Schriften. (Bern 1879). Bd. II, S. 461—70.

Progetto di legge per concedere al Governo la facoltà di prender parte ad un consorzio internazionale per promuovere l'esecuzione di una ferrovia attraverso il San Gottardo. Presentato dal ministro dei lavori pubblici (Jacini) di concerto col ministro delle finanze (Scialoja) nella tornata del 25 Febbrajo 1866. (Supplemento al giornale „La Lombardia", N° 310 del 10 Ottobre.) Milano (tipogr. Letteraria), 1869. 32 p. in-8°.

1870.

Protokolle über die Sitzungen der Gotthardkonferenz vom 24. u. 25. Jan. 1870. In-fol. O. d. o.

Aktenstücke zur Frage der Gotthardbahn. (Februar 1869—April 1870). Berlin (J. Springer), 1870.

Petition an die Bundesversammlung der schweiz. Eidgenossenschaft. In-fol. O. d. o.
*** Gegen Annahme des Gotthardvertrages mit Italien, wegen finanziellen und politischen Gefahren!!

Botschaft des Bundesraths an die h. Bundesversammlung betreff. den Vertrag mit Italien vom 15. Oktober 1869 über die Erstellung einer Alpenbahn durch den St. Gotthard. (Vom 30. Juni 1870).

Ueber den Staatsvertrag mit Italien und dem Norddeutschen Bund betreffend Herstellung der Gotthardbahn (21. Juli 1870). Rede des Herrn Nationalrath Dr. A. Ph. Segesser.
*** Wiederabgedruckt in seiner „Sammlung kleiner Schriften". Bd. III, S. 264—252. (Bern, Wyss, 1879).

Verhandlungen der schweiz. Bundesversammlung betreff. den Vertrag mit Italien vom 15. Oktober 1869 über die Herstellung einer Alpenbahn über den Gotthard. In-8°. Bern.

Botschaft des Grossen Rathes des Kantons Bern an das Berner Volk. (Vom 10. März 1870). In-8°. O. d. o.
*** Zur Unterstützung einer Million zu Gunsten der Gotthardbahn.

Bericht der vom Regierungsrathe des Kts. Thurgau zur Begutachtung der Subsidienfrage für eine Eisenbahn durch den St. Gotthard niedergesetzten Commission. Frauenfeld, 14. März 1870.

Die Gotthardfrage für den Thurgau, von C. Widmer. In-8°. Frauenfeld, 1870.

Die Gotthardbahn.
Die Splügenbahn.
Italien und die Gotthardbahn.
Die Gotthardbahn und Frankreich.
Der Sturmlauf gegen den Gotthard.
Die bundesräthliche Botschaft über den Gotthardbahn-Vertrag.
₊ Enthalten in: „Sonntagspost" 1870, N° 5, 13, 18, 25, 27 u. 28.

Denkschrift über die Gotthardbahn, (vom Bundeskanzler dem Bundesrathe und dem Reichstage vorgelegt).
₊ *Hirth.* Annalen des deutschen Reiches für Gesetzgebung. (Berlin), 1870, Bd. II, S. 457 f.

Ziebarth. Die Schweizer Alpenbahn.
₊ In: „Zeitschrift deutscher Ingenieure", 1870. S. 553

Chemin de fer du St. Gothard.
₊ In: „Annales du génie civil" 1870, p. 140.

Zeitung des Vereins deutscher Eisenbahnverwaltungen. (Berlin u. Leipzig).
₊ Alle Jahrgänge von 1870—1882 enthalten eine mehr oder weniger ausgedehnte Gotthard-Chronik. Vergl. speziell die Jahre 1876 u. 1877.

Kommissionsbericht über den Gesetzentwurf, den Bau einer Gotthardbahn betreffend. Erstattet von dem Abgeordneten *Kirsner*. Beilage zum Protokoll der 71. Öffentlichen Sitzung der zweiten Kammer (von Baden) vom 15. März 1870. In-8°.

Relazione della Commissione nominata dal Consiglio provinciale di Milano nella seduta del 7 Aprile 1870 coll' incarico di riferire sulla domanda di sussidio per la costruzione di una ferrovia al valico del S. Gottardo. In-fol. Milano (stab. Civelli), 1870.

Camera dei deputati. Progetto di legge presentato dal ministro dei lavori pubblici (Gadda) di concerto con quello degli affari esteri. (Visconti-Venosta) e delle finanze (Sella) nella tornata del 12 Luglio 1870. In-fol.

Relazione della giunta (composta dagli onor. *Grattoni, Speroni, Peruzzi, Zanardelli, Mordini* relatore) sul progetto di legge presentato dal ministro dei lavori pubblici di concerto con quello degli affari esteri e delle finanze nella tornata della Camera del 9 sett. 1870 pel concorso dell'Italia alla costruzione della ferrovia del Gottardo.

Les chemins de fer suisses et les passages des Alpes, par M. *Ed. Tallichet.*
  ₊ In: „Bibliothèque universelle et Revue suisse". Tome XXXVII 1870. p. 48, 201, 378, 323.

Eisenbahn über den Splügen. Mit grossen Karten und Plan. St. Gallen, 1870.

Die Splügenbahn für den Thurgau. In-8°. (O. d. o.) 1870.

Gottardo o Spluga, considerazioni dell'ing. *Ernesto Stamm* colla collaborazione dell'ing. *Filippo Giussani*, luogotenente del genio. Milano, 1870.

Gottardo o Spluga? Il nuovo progetto dello Spluga paragonato a quello del Gottardo. Gr. in-8°, 24 p. Milano (tip. sociale), 1870.
  ₊ Zu Gunsten des Gotthard.

Gotthard und Splügen in technischer und finanzieller Beziehung. Kritische Beleuchtung des neuen Splügenprojekts. Zürich, April 1870.

Gothard et Splügen sous le rapport technique et financier. Examen critique du nouveau projet du Splügen. Zürich, avril 1870.

Tatti, ing. *Luigi.* Osservazioni al nuovo progetto di ferrovia dello Spluga, presentato al Consiglio provinciale di Milano. In-8°, 20 p. Milano (Treves), 1870.

Progetto di valico del Gottardo e del Monte Ceneri con pendenze non maggiori del 16 per mille di *Pasquale Lucchini* ing. In-8°. Bellinzona (tip. cantonale), Novembre 1870.

Gelpke, O., Ingenieur. Bestimmung der St. Gotthard-Tunnelaxe. (Vorgetragen den 22. Januar 1870).
⁎ Enthalten in: „Mittheilungen der naturforschenden Gesellschaft in Bern aus dem Jahre 1870". Nos. 711—744. (Bern, Haller, 1871.) S. 3—32.
Ingenieur *Koppe* giebt gleiche Notizen in der Eisenbahn.

Ueber die Bestimmung der Achse des St. Gotthard-Tunnels. (Von Ing. *O. Gelpke.*)
⁎ In: Bd. XVI. Heft III des „Civilingenieurs".

Campagne de Suisse et d'Italie par la Prusse en 1870. Par L. Minacourt. Paris, 1870.

La Nicca, R. Progetto di fusione del S. Gottardo col Lucomagno, ideato e studiato di concerto col comm. Valvassori, ispett. tecnico della grande galleria del Moncenisio. In-fol. di pag. 53. Torino (tip. Bona), 1870.

Cantalupi, ing. cav. *Antonio*. Sul progetto di fusione del S. Gottardo col Lucomagno ideato e studiato dal colonello La Nicca col Comm. Valvassori.
⁎ In: „Atti del Collegio degli Ingegneri ed architetti in Milano, anno III. fasc. IV°. (Settembre - Dicembre 1870), p. 144—151.

1871.

La Nicca, Valvassori. Sul progetto di fusione del S. Gottardo col Lucomagno.
⁎ In: „Politecnico", 1871, p. 108 f.

St. Gothard et Lukmanier. Un projet de compromis entre les deux passages, par *W. Fraisse.*
⁎ In: „Bibliothèque universelle et Revue suisse", Février 1871. (Lausanne). tome XL. p. 204—229.

Statuts de la société du chemin de fer du St-Gothard. Du Ier novembre 1871. In-8°. Zürich (D. Bürkli), 1871.
⁎ Auch deutsch.

Bundesrathsbeschluss betreffend den Bau und Betrieb einer Gotthardeisenbahn. (V. 3. Wintermonat 1871.) In-8°. O. d. o.

Aufruf an die Einwohner Luzerns! (Zur Betheiligung am Fackelzug „zu Ehren der Gotthard-

Vereinigung", 3. November 1871). 4 flieg. Bl. O. d. o.

Dispositionsplan zum Fackelzug der Stadt Luzern zu Ehren der Gotthard-Vereinigung 1871. (Litogr. quer streif. O. d. o.)

Der Mont-Cenis-Tunnel mit Nutzanwendung auf das St. Gotthardbahnprojekt.

₊ Enthalten in: „Sonntagsblatt des Bund". 1871. S. 209, 217, 225, 233, 241, 257, 265, 273, 281, 289, 314, 323, 329.

Klose. Die Gotthardbahn.

₊ In: „Hannöversche Bauzeitung" 1871, S. 17 ff.

Le tunnel des Alpes. Etudes d'art et d'industrie par Hudry-Menos. Lausanne, 1871.

Ueber den St. Gotthard. Reiseskizzen von A. W. Grube. In-16°. Berlin (Verlag R. Lesser), 1871.

₊ S. den Schluss: „Projekte der Gotthardbahn" nebst 1 Tafel: die „Profile des projektirten Tunnels unter dem St. Gotthardgebirge". S. 249—250. Unbedeutend!

Rütimeyer, L., prof. Itinerarium für das Excursionsgebiet des S. A. C. von 1871. Der St. Gotthard. In-8°, 72 S. St. Gallen (Zollikofer), 1871.

₊ Separatabdruck aus dem VII. Bde. des „Jahrbuchs des S. A. C.

Gastaldoni, Antonio. Nuovo sistema di ferrovie a propulsione pneumatica. In-8°. Potenza, 1871.

Mémoire sur la révision de la loi fédérale, concernant l'établissement et l'exploitation des chemins de fer. In-4°, 58 p. Lausanne (impr. Howard-Delisle), 1871.

Sammlung der auf das schweiz. Eisenbahnwesen bezüglichen Aktenstücke. Bern.

Bd. VI (1867—1871).

Vergl. *Chiasso-Lugano-Bahn* S. 57, 62, 81, 87. — *Gotthardbahn* S. 115, 129, 142, 155, 169, 179, 349, 396. — *Locarno-Bellinzona-Biasca-Bahn* S. 66, 71, 84, 87. — *Splügenbahn* S. 183, 190.

Bd. VII (1871—1872).

Gotthardbahn S. 8, 233, 236, 239, 259, 262, 267, 282, 281' 656, 799, 814. — *Splügenbahn* S. 237.

Ebenso vergleiche man die folgenden Bde, worin sämmtliche Verträge und Konzessionen angegeben sind.

1872.

Rapports mensuels du Conseil fédéral suisse aux gouvernements des Etats qui ont participé à la subvention de la ligne du St-Gothard sur la marche de cette entreprise dans la période du 1 octobre 1871 au 30 septembre 1875. Exercises I, II, III. (Rapports N°s 1—34). In-fol. Berne (K. J. Wyss), 1872—1875.

₊ Die folgenden Berichte erschienen regelmässig monatlich, 4 S. in-fol.

Rapports du Conseil fédéral suisse aux gouvernements des Etats qui ont participé à la subvention de la ligne du St-Gothard sur la marche de cette entreprise du 6 décembre 1871 au 30 septembre 1873. Premier volume. In-fol. Berne (K. J. Wyss), 1872—1874.

₊ Die anderen Berichte folgen sich, jede drei Monate, regelmässig. Ausgezeichnete Publikation mit technischen u. geologischen Aufsätzen nebst sorgfältigen Tafeln.
Bis März 1881 waren es 9 Bde., aus 34 Berichten bestehend.

Nüscheler, A. Historische Notizen über den St. Gotthardpass.

₊ Im: „Jahrbuch des S. A. C" Bd. VII (1871—72, S. 55—85.

Der St. Gotthard und sein Hospiz. Von *Eduard Osenbrüggen*. Mit 1 Vig.

₊ In: „Daheim", 1872, S. 349 ff.
Vergl. auch seine „Wanderstudien in der Schweiz". Bd. IV, 1874.

La Nicca, R. Schweizer. Alpenbahn. Nachschrift zum Fusionsprojekt der Gotthard- mit der Lukmanierbahn. In-4°. Stuttgart (in Commission der Metzler'schen Buchhandlung), 1872.

— Fusionsprojekt der Gotthard- mit der Lukmanierbahn. In-fol. Mit 1 grossen Karte und 2 Profilen. Stuttgart (ebendaselbst), 1872.

— Uebersichtskarte der Central-Alpenbahnen Gotthard und Splügen im Vergleich zum Fusionsprojekt. Winterthur (Wurster & Cie.), 1872.

Splügenbahn. Einstimmig für den Splügen! Ein Wort zur Beherzigung für die Volksabstimmung. In-8°, 23 S. 1872.

Relazione della giunta municipale al Consiglio comunale di Como sulla questione ferroviaria. In-8°. Como (F. Ostinelli), 1872.

Istruzione sulle espropriazioni ferroviarie, 1872.

Machine à perforer les roches pour le percement des tunnels et galeries de mines, inventée par M. Penrice. Rapport de la commission avec une note par M. *Fellot*. Gr.-in-8°, 24 p. Avec 2 pl. lithogr. Zurich (Orell Füssli & Cie.), 1872.

Il traforo del Gottardo. (Unbedeutend!)
 *** In: „Almanacco del Club Alpino italiano". Torino, Civelli 1872, p. 58—60.

Der St. Gotthard-Tunnel.
 *** In: „Zeitschrift des Vereins deutscher Ingenieure" (Berlin). Bd. XVI (1872), S. 588 und Bd. XVII (1873), S. 303.

Die St. Gotthardbahn.
 *** In: „Organ für die Fortschritte des Eisenbahnwesens" von E. Heusinger von Waldegg (Wiesbaden). Bd. X, 1873, S. 223—228.

The St. Gotthard Railway.
 *** In: „Engineering". V. In-12°. (1872), p. 419.

Das Projekt der St. Gotthardbahn.
 *** In: „Deutsche Bauzeitung" (1872), S. 35 ff.

1873.

Loria, Edoardo, ing. prof. Le ferrovie di montagna (specialmente dedicato al Gottardo).
 *** In: „Atti del Collegio ing. etc." Milano. Anno VI. fasc. I°. gennajo-aprile 1873, p. 31—46.

Zwick, H. Neuere Tunnelbauten. Leipzig (Carl Scholtze), 1873.

Die St. Gotthardbahn und die Arbeiten am grossen Tunnel zwischen Göschenen und Airolo von *V. Kanter*, Oberingenieur.
 *** In: „Zeitschrift des österreichischen Ingenieur- und Architekten Vereins (Wien). Bd XXV, 1873, S. 215—218.

Staatsvertrag zwischen der Schweiz und Italien betreffend die Verbindung der Gotthardbahn mit den italienischen Bahnen bei Chiasso und Pino. (Vom 23. Dezember 1873). In-8°, 18 S.

Erster Geschäftsbericht der Direktion und des
Verwaltungsrathes der Gotthardbahn umfassend
den Zeitraum vom 6. Dezember 1871 bis 31.
Dezember 1872. In-4°. Zürich (Druck von Zürcher & Furrer), 1873.
> *₀* So folgen sich die Berichte fort: 2. fürs Jahr 1873
> u. s. w. Vom 7. an (fürs Jahr 1878) sind sie in Luzern (Meyer'-
> sche Buchdruckerei) gedruckt.

Geologische Vorkomnisse im Gotthardtunnel. Mittheilung des Oberingenieurs der Gotthardbahn.
> *₀* In: „Neue Alpenpost". Bde. IV, V u. VI, (1873—74)

Esame geologico della catena alpina del San
Gottardo che deve essere attraversata dalla grande
galleria della ferrovia italo-elvetica per *F. Giordano*, ispettore nel R. Corpo delle miniere. Con
tre tavole col. e carta geologica del Gottardo,
nella scala di 1 : 50,000 in cromolitografia. In-fol. Firenze (G. Barbèra), 1873.
> *₀* In: „Memorie per servire alla descrizione della carta
> geologica d'Italia", pubblicata dal R. Comitato geologico.
> Vol. II, parte Ia.

1874.

Das Gotthardgebiet von *Karl von Fritsch*. Mit 1
Karte u. 3 Profiltafeln. In-4°. Bern (Dalp'sche
Buchhandlung), 1874.
> *₀* Der „Beiträge zur geologischen Karte der Schweiz".
> Lief. XV, (154 S.)

Geologische Tabellen und Durchschnitte über den
grossen Gotthardtunnel. Spezial-Beilage zu den
Berichten des schweiz. Bundesrathes über den
Gang der Gotthard Unternehmung. In-fol. Zürich (Orell Füssli & Cie.), 1874—1882. Der
vollständige Atlas soll aus 60 Tafeln bestehen.
> *₀* Diese Tabellen, welche die Sammlungen von Gotthardsteinen begleiten, umfassten bis Ende 1881 die Tunnelstrecken bis 2837 Nord und 2989 Süd.

Technischer Bericht und Kostenvoranschlag zu dem
Projekt einer Verbindungslinie zwischen der
Brünig-Bahn und der Zürichsee-Gotthard-Bahn.
(Oktober 1874). In-fol. nebst einer Karte.

Instruction und Gutachten der Experten IIII. Koch,
Hellwag und Bürgi über die Frage der Her-

stellung eines centralen Bahnhofes für Luzern. (November 1874).

Die Eisenbahn. Organ des schweizerischen Architekten- und Ingenieur-Vereins und der Gesellschaft ehemaliger Polytechniker. In-fol. Zürich (Orell Füssli & Cie.), 1874—1882.

*** Alle Jahrgänge enthalten mehr oder weniger interessante Artikel über die Gotthardbahn. Uns würde es zu weit führen, sie alle anzugeben. Hauptsächlich sind nachzuschlagen: Bd. I (1874), S. 82; Bd. II, S. 97, 269, 281; Bd. III (1875), S. 121, 219, 150, 168; Bd. IV (1876), S. 241, 253, 217, 229, 300, 321, 371, 288, 247, 259; Bd. V (1876), S. 3, 173, 136, 24; Bd. VI (1877), 38, 53, 150, 159, 165, 185, 195, 89, 97; Bd. VII (1877), 42, 50, 82, 129, 145; Bd. VIII (1878), 59, 73, 77, 139, 144, 168, 165; Bd. IX (1878), S. 55; Bd X (1879), S 50, 72, 107, 114; Bd. XI (1879), 13, 24, 75, 118-140; Bd. XII (1880), S. 43, 56, 82, 91—124 u. s. w.

Atti del Cons. di Stato del C. Ticino presso la autorità federale nella questione della percezione dei diritti di consumo sui materiali introdotti per la ferrovia del Gottardo. Bellinzona (tip. cantonale), 1874. (p. 20).

Monitore delle strade ferrate italiane, 28 Aprile 1874 e seg.

Il traforo del Gottardo. Note di una visita ai lavori dell'ing. *Antonio Favaro*, prof. nella R. Università di Padova. In-8°. Padova (tip. della Minerva).

*** Extr. a. d. „Rassegna di Agricoltura, Industria e Commercio".

Studer, *B.*, Prof. Die Gotthardbahn. (Im „Jahrbuch des Schweiz. Alpen Clubs", 1873—1874. Bern, Haller).

Il vapore. Alla città di Locarno che dopo tante aspirazioni e sacrificii inaugura il suo tronco di strada ferrata nel 20 dicembre 1874, canto di *Cesare Mola*. In-fol. Locarno (tip. D. Mariotta).

1875.

Ueber das Vorkommen von gediegenem Gold im Gotthardtunnel. Vortrag von Prof. *B. Studer* vor der geologischen Sektion der Berner naturforschenden Gesellschaft. (In: „Verhandlungen" derselben. Bern, 1875).

Der Gebirgsbau des St. Gotthard von *Albr. Müller*, Prof. an der Universität Basel. Mit 1 Profilkarte. Basel (Schweighauser), 1875.

₊ Der „öffentlichen Vorträge gehalten in der Schweiz" Bd. VI, Heft VI.

Beobachtungen über die Gesteins-, Wasser- und Temperatur Verhältnisse des Gotthardtunnels in den Jahren 1872—1875 von Dr. *Stapff*, Chef der geolog.-mont. Abtheilung bei der Central Bauleitung der Gotthardbahn.

₊ In: „Verhandlungen der naturforsch. Gesellschaft" in Andermatt, 1875. (Luzern, Meyer). S. 129—156. Mit 3 Tabellen.

Eröffnungsrede bei der 58. Jahresversammlung der schweizerischen naturforschenden Gesellschaft in Andermatt, gehalten durch den Präsidenten Dr. *Franz J. Kaufmann*, Prof. in Luzern, den 13. September 1871.

₊ „Ibidem". S. 3—31.
Redner resümirt die geologische und mineralogische Literatur des Gotthards.

Kauffmann, J. Der Bau des Gotthardtunnels, mit 1 Tafel. Gr.-in-4°, 10 S. Brugg und Zürich (Zürcher & Furrer), 1875.

Lorenz, Alfred. First- oder Sohlenstollen bei Tunnelbauten? In-8°, 11 S. Zürich (Orell Füssli & Cie.), 1875.

— Die Förderung bei Tunnelbauten. In-8°, 17 S. Zürich (Ebendaselbst), 1875.

Les travaux mécaniques pour le percement du tunnel du Gothard. Note communiquée par M. le prof. *D. Colladon*, ingénieur — conseil de l'entreprise à la Société helvétique des Sciences naturelles, réunie à Andermatt le 13 septembre 1875.

₊ In: „Verhandlungen der naturforsch. Gesellschaft", Jahresbericht 1874—75. (Luzern, Meyer) S. 98—128.
Wieder abgedruckt in den: „Archives des sciences physiques et naturelles" von Genf, Nr. 216. 15. Dezember 1875, S. 328—361. Vergleiche weiter die deutsche Uebersetzung.

Fortschritte der Gotthardbahn während des Jahres 1875 und 1876. Nach der „Eisenbahn".
* *⁎* In: „Organ für die Fortschritte des Eisenbahnwesens" von E. Heusinger von Waldegg (Wiesbaden). Bd. XII, S: 34 und Bd. XIV, S. 291.*

Die Arbeiten und Maschinenanlagen am St. Gotthardtunnel von *Christoph Klar*, k. k. Hauptmann der Geniewaffe. (Mit Zeichnungen).

Beurtheilung des St. Gotthardtunnelbaues. Vortrag von Oberingenieur *Franz Rziha*. (Mit Zeichn.)
* *⁎* In: „Zeitschrift des österreichischen Ingenieur- und Architekten-Vereins" (Wien). Bd. XXVII, 1875, S. 61—75 u. 101—114.*

Die Arbeiten am St. Gotthardtunnel. Vortrag von Hrn. *Hagen*. (Versammlung 6. November 1874 des Hannoverschen Bezirksvereins).
* *⁎* In: „Zeitschrift des Vereins deutscher Ingenieure" (Berlin). Bd. XIX, 1875, S. 371.*

Travaux de percement du Saint-Gothard. Notice par M. *Batisse*, ancien élève de l'école polytechnique.
* *⁎* In: „Annales des ponts et chaussées" (Paris). 5ᵉᵐᵉ série, tome IX, 1875, p. 525—558.*

Locomotives à air comprimé employées aux travaux du Saint-Gothard.
* *⁎* In: „Annales industrielles". Vol. 2, 1875, p. 777. et „Revue industrielle" (Paris). 1875, p. 517.*

Schneider. Compressed air locomotive at the St. Gothard-Tunnel.
* *⁎* In: „Engineering". Vm. 20 (1875), p. 335, 338.*

Relief du St-Gothard, par *X. Imfeld*, ingénieur. (Maassstab 1 : 50,000).
* *⁎* Vergl. „Verhandlungen der naturforschenden Gesellschaft" in Andermatt 1875.*

Il Consiglio di Stato della Repubblica e Cantone del Ticino, all'onorevole *Tribunale artitramentale* chiamato a giudicare nella vertenza tra il Governo del Ticino e le ferrovie svizzere unite sul deposito pel Lucomagno (24 Aprile 1875). In-8⁰, 23 p. Locarno (tip. cantonale), 1875.

Schreiben der Direktion der Gotthardbahn an den hoh. schweizerischen Bundesrath, vom 6/9 August 1875, in Sachen der Luzerner Bahnhoffrage. Zürich (Zürcher & Furrer), 1875. Mit Situationsplan und Profilen.

Eingabe des Gemeinderathes Schwyz an Tit. Landammann und h. Regierungsrath des Kantons Schwyz zu Handen der Tit. Direktion und des Verwaltungsrathes der Gotthardbahn, betreffend die Bahnhof-Anlage für die Gemeinde Schwyz. (Mit 1 Plan zum technischen Gutachten der Ingenieure *Meyer & Müller*), 1875.

Le Simplon et les chemins de fer de la Suisse occidentale, par *Ed. Tallichet.*
  ⁎ In: „Bibliothèque universelle". Tome LIV, 1875, p. 264–303 et 600–647.

Reiseskizzen. Gr. St. Bernhard, Mont-Blanc, St. Gothard, Italien. In-8°. Leipzig (Schmidt & Günther), 1875.

1876.

Observations de l'entreprise du grand tunnel du Gothard au rapport publié par M. le Commissaire fédéral sur la grève de Göschenen. In-8°, 16 S. sign. *L. Favre.* Lausanne (Lucien Vincent), 1876.

Antrag der Direktion der Gotthardbahn an den Verwaltungsrath zu einem Schreiben an den h. schweizerischen Bundesrath, betreffend die Finanzlage der Gotthardbahngesellschaft. In-8°. Zürich (David Bürkli), 1876.

Hellwag, W. Die Bahnachse und das Längenprofil der Gotthardbahn nebst approximativem Kostenvoranschlag und die Ursachen der Ueberschreitung des Kostenvoranschlags der tessinischen Bahnen. In-fol., 331 S. mit Atlas graphischer Beilagen. Zürich (Orell Füssli & Cie.), 1876.

Schreiben der Direktion der Gotthardbahn an den schweizerischen Bundesrath, die Finanzlage betreffend, 3. März 1876. Zürich (David Bürkli).

Bericht an die Generalversammlung der Gotthardbahngesellschaft, betreffend die Finanzlage der Unternehmung d. d. 17. Juni 1876. In-8°, 50 S. Zürich (David Bürkli), 1876.

Discorso pronunciato dal Ministro dei lavori pubblici *(G. Zanardelli)* alla Camera dei deputati, nella tornata dell' 8 Giugno 1876, in risposta all'interrogazione del deputato Giudici ed all' interpellanza del deputato A. Bertani sulla strada ferrata del S. Gottardo. In-8°. Roma (eredi Botta), 1876.

Tilgungsfond der Gotthardbahn-Schuld, nebst Besprechung einiger socialen Fragen. Von Gottlieb Erdstern. In-8°, 40 S. Zürich (in Commission beim Verlags-Magazin), 1876.

Die St. Gotthardbahn nach dem neuesten Bericht der Direktion. (Von Dr. *Alfred Escher* influenzirt).
 , In: „Schwäb. Merkur". N° 56—58, 7—9, März 1876.

Norddeutsche Allgemeine Zeitung. Nrn. 45 I, 49 II, 51 III, 69, 70, 71, 82. 1876.
 , Wichtig für den Process Hellwag. Kritik der Gehälter der Ingenieure.

Allgemeine Augsburger Zeitung 1876, N° 90. Handelsbeilage (Aktienmanipulation); N° 105, vom 14. April. (Allgemeines und die neue Subvention-Aufzählung der Bisherigen); N° 101, vom 24. April. Handelsbeilage.

Berliner Börsenzeitung, Anfang April, 9-15, 1876.
 , „Ueber die Aktienmanipulation der Gotthardbahn".

Gutachten, betreffend Verkehr und Einnahmen der Gotthardbahn (von Dr. Eugen Escher & Stoll). Zweite Auflage. Bern (Jent & Reinert), 1876.

Gutachten über die Vorlage der Direktion der Gotthardbahn an den schweizerischen Bundesrath, betreffend die Finanzlage der Gotthardbahngesellschaft von Oberingenieur *L. Blotnitzki*, technischer Inspektor der schweizerischen Eisenbahnen. In-fol., mit Tafeln. Bern (Rieder & Simmen), 1876.

Bundesräthliche Gotthardbahn-Expertise 1876. Protokoll der Sitzungen der Plenarkommission, 31. Juli und 20—22 November 1876. Gr.-in-fol. Bern (Stämpfli), 1876.

Bundesräthliche Gotthardbahn-Expertise 1876. Protokoll der Sitzungen der Subkommission, August—November 1876.
₀ Auch französisch.

J. W. A. (J. Weber). Beiträge zur Frage der Gotthardbahn. Zürich, 1876—77.

Mémoire en replique pour Louis Favre, entrepreneur du grand tunnel du St-Gotbard, contre la Compagnie du chemin de fer du St-Gothard, par *L. Rambert*, advocat. In-8°. Lausanne (impr. Lucien Vincent), 1876.

Vogt, G. Dr. (Namens der Direktion der Gotthardbahn). Duplik der Gotthardbahngesellschaft gegen Hrn. Louis Favre, Unternehmer des grossen Gotthardtunnels. Zürich (Genossenschafts-Buchdruckerei), 1876.

Wetli, K. Die technischen Vorarbeiten der Gotthardbahn. Erläuterung zu der officiellen Darstellung der Finanzlage. In-8°, 32 S. Zürich (Orell Füssli & Cie.), 1876.

Colladon, D. Die maschinellen Arbeiten zur Durchbohrung des Gotthardtunnels. Mit 3 Tfln. In-8°. Zürich (Orell Füssli & Cie.), 1876.

Zschokke, O. Die Anwendung des Zahnschienensystems auf die Gotthardbahn. Zuschrift an den h. Bundesrath der schweizerischen Eidgenossenschaft. In-fol., 56 S. mit Karten und Plänen. Aarau (Sauerländer), 1876.

Möller. Gutachten über Traject-Anlagen, Lindau 24. Juli 1876. (Autogr.)

Strupler, J. A. Gutachten über Traject-Anlagen, Luzern Ende Juli 1876. (Autogr.)

Zschokke, O. Zuschrift an den schweizerischen Bundesrath über die Kosten des Zahnschienensystems für grössere Verkehrsannahmen, 4. August 1876. (Autogr.)

— Zuschrift an den schweizerischen Bundesrath über Traject-Anlagen, 27. August 1876. (Autogr.)

Möller. Replik auf Zschokke's Traject-Anlagen. Lindau, 13. September 1876. (Autogr.)

Desbrière, J. Note sur la comparaison du système à rail central avec les autres moyens proposés pour la traversée du St-Gothard, 8 mai 1876. (Autogr.)

Aux intéressés au chemin de fer du St. Gothard. Mémoire et proposition pour l'application du système Agudio aux rampes d'accès et à la traversée du grand tunnel des Alpes, par M. *T. Agudio.* In-8°. Turin (Vincent Bona), 1876.

** Vergl. „Eisenbahn", Bd. IV, S. 217—321.

La ligne la plus directe et la plus économique au Gothard pour Gênes et pour Milan. Bellinzona (C. Colombi), 1876.

Caminada, ing. Sulle linee d'accesso alla ferrovia del Gottardo.

Zur Gotthardbahnfrage. Die Vierwaldstätter Seebahnen der Gotthardbahnlinie Immensee-Arth-Steinen-Brunnen substituirt. Mit 1 Karte. Gr.-in-8°, 25 S. Zürich (Orell Füssli & Cie.), 1876.

Al S. Gottardo. Da Torino a Lucerna, schizzi e note raccolte dagli allievi ingegneri *L. Caselli, Dubosc* e *Cabella,* durante le loro esercitazioni pratiche compito dagli Allievi ing. della R. Scuola d'appl. di Torino. Con tav. ed illustr. In-16°. Torino (F. Casanova), 1876.

Le perforatrici al San Gottardo.

Applicazione del sistema Agudio alle ferrovie del Gottardo.

Stato dei lavori della Galleria del Gottardo. (Con 2 tav.)

** Im Mailänder „Industriale", (ed. Saldini). Jahrg. 1876.

Gotthardbahn. Situationsplan von Airolo und der Installationen des Werkplatzes am Südeingang des grossen Gotthardtunnels. 2 Blatt gr.-in-fol., gefalzen in-8°, color. Zürich (Orell Füssli & Cie.), 1876.

— Situationsplan von Göschenen und der Installationen des Werkplatzes am Nordeingang des grossen Gotthardtunnels 1 : 1000. Chromolith. in-fol. Zürich (ebendaselbst), 1876.

Castelli, Gian. Galeazzo. Ferrovia d'accesso al Gottardo: appunti alla relazione della Commissione provinciale di Novara, ivi pubblicata nel luglio 1876. Milano (G. Civelli), 1876. In-8°, 14 p.

1877.

Dietler, H. Die schweizerische Eisenbahnfrage. In-8°, 68 S. Zürich (ebendaselbst), 1877.
   ₊ Der „Schwelzer Zeitfragen", Heft IV.

Thommen, A. Die Gotthardbahn. Bemerkungen zur Reform dieses Unternehmens. Wien (Lehmann & Wentzel), 1877.

Hellwag. Mein Gutachten über A. Thommen's „Gotthardbahn", Bemerkungen zur Reform dieses Unternehmens. Mit 2 lit. Tafeln. Gr.-in-8°, 36 S. (Orell Füssli & Cie.), 1877.
   ₊ Gehört als Heft VII zu den „Technischen Mittheilungen".

Thommen, A. Zur Reform des Gotthard-Unternehmens. Replik auf Hellwag's Gutachten. Wien, Juli 1877. (In der Zeitschrift „Die Eisenbahn", vom 10. u. 17. August 1877. Bd. VII, S. 42 u. 52. Zürich, Orell Füssli & Cie.)

Müller. Der militärische Gesichtspunkt der Gotthardbahn. Bemerkungen zur Reform. Wien, 1877.

Hellwag. Gutachten über Obiges. Zürich, 1877.

Sull' ordinamento delle nostre ferrovie alla frontiera svizzera dal punto di vista economico-militare. Brevi considerazioni del maggiore *Attilio Velini*, deputato al Parlamento nazionale. In-16°. Milano (Dumoulard), 1877.

Le linee di attacco alla ferrovia del Gottardo (pell'ing. *G. Rubini*). Estratto dal *Corriere del Lario*, Ottobre 1877. In-8°. Como (tip. A. Giorgetti), 1877.

Brunner, A. Die Alpen-Lokomotive der Zukunft (Fairlie's System mit symmetrisch artikulirten Motorgestellen). Mit 1 Tafel. In-8°, 25 S. Zürich (Orell Füssli & Cie.), 1877.

⁂ Gehört als N° 3 zu den „techn. Mittheilungen" etc

Bericht an die Generalversammlung der Gotthardbahn betreffend die finanzielle Reorganisation der Unternehmung d. d. 16. Juni 1877. In-8°, 70 p. Zürich (Zürcher & Furrer).

⁂ Deutsch und Französisch.

Conférences internationales entre l'Empire d'Allemagne, le Royaume d'Italie et la Confédération suisse pour la construction du chemin de fer par le St-Gotthard. Procès verbal des séances tenues à Lucerne, 4—13 juin 1877. In-fol. 52 p. Lucerne (Meyer).

Conférence concernant une subvention supplémentaire pour le chemin de fer du St-Gotthard et la répartition de la quote-part de la Suisse. In-8°, 27 p. Berne (K. J. Wyss), 1877.

Il Gottardo e le conferenze di Lucerna. Articoli estratti dal giornale „Il Progresso" che si pubblica a Como. In-8°. Como (Bellasi e Bazzero), 1877.

Il sussidio di Milano pel Gottardo di *L. T*(atti).- In-8°. Milano (tip. della Perseveranza), 1877.

Tatti, Luigi. Il Monte Ceneri davanti al Consiglio provinciale di Milano. In-8°. Milano (Lombardi), 1877.

Der Gotthard und das Tessin mit den oberitalischen Seen, von Eduard Osenbrüggen. In-8°. Basel (Benno Schwabe), 1877.

⁂ Siehe Cap. II „Durch den Gotthard". S. 49—67.

Situation financière du chemin de fer du Saint-Gothard. Note par M. *Chatoney*, inspecteur général des ponts et chaussées.
 ₀ In: „Annales des ponts et chaussées", 5eme série, tome XIII, 1877, p. 46—55.

Airaghi, Francesco, ing. Traforo delle Alpi Elvetiche. Passaggio del Gottardo.
 ₀ In: „Politecnico", vol. 22 (1877). Agosto-Novembre.

Fortschritte der Gotthardbahn, während des Jahres 1876.
 ₀ In: „Organ für die Fortschritte des Eisenbahnwesens" 1877. S. 291 ff.

Agthe. Die Gotthardbahn und der Gotthardtunnel.
 ₀ In: „Riga. Industrie-Zeitung" 1877, p. 217, 230

Ueber die Gotthardbahn.
 ₀ In: „Hannöv. Wochenblatt" 1877, S. 238.

1878.

Bericht und Antrag des Engern Stadtrathes von Luzern an die Tit. Versammlung der Einwohnergemeinde Luzern betreffend fernere Einzahlung der Subvention an die Gotthardbahn. (Vom 12. November 1877). In-4°.

Bericht desselben betreffend eine Nachsubvention an die Gotthardbahn im Betrage von Fr. 50,000. (Vom 9. Mai 1878). In-4°.

Weiterer Bericht desselben betreffend die fernere Einzahlung der beschlossenen Subvention. (Vom 4. November 1878). In-4°.

Vermittlungsverhandlung in Sachen der Gotthardbahn-Unternehmung, Donnerstags den 20. December 1877, Vormittags 9 Uhr, im Konferenzsaale der Eidg. Bank in Bern. (Vermittler: *Stämpfli*). In-8°. Bern (Rieder & Simmen), 1878.

Polemik betreffend eine Nachsubvention für die Gotthardbahn. (Schreiben von *Alb. Vögeli*, 28. Januar 1878). In-fol. autogr. Zürich.

Kritische Beleuchtung des Unternehmens der Gotthardbahn.
₊ Im: „Rheinischen Kurier" von Wiesbaden, N° 47, 2. Ausgabe 24 Februar 1878. — Scharfe Kritik gegen den schweizerischen Bundesrath!
Antwort hierauf von Bundesrath Heer (respektive Dr. A. Escher) im: „Schwäbischer Merkur" N° 78, vom 31. März 1878.

Das Gotthardbahn-Unternehmen und die Vertragspflichten der Schweiz.

La Suisse et la compagnie du St-Gothard. (Extrait de la „gazette de Lausanne", 23, 24, 25, 26 et 27 avril 1878). Lausanne (impr. Lucien Vincent).

Memminger, A. Die Alpenbahnen und deren Bedeutung für Deutschland und Oestreich mit besonderer Beziehung auf Gotthard, Brenner, Arlberg. Mit 8 Karten und Plänen. In-8°. Zürich (Hanke), 1878.

Das Gotthard-Unternehmen. Eine Zusammenstellung der wichtigsten Projekte in technischer und finanzieller Beziehung von *F. Rinecker*, ingenieur. Mit 1 Uebersichtskarte. Gr.-in-8°, 10 u. 239 S. München (Theodor Ackermann), 1878.

Der Lukmanier neben dem Gotthard. Beyträge zur Gotthardfrage, von einem deutschen Ingenieur. In-8°, 32 S. Stuttgart (J. B. Metzler), 1878.

Düggeli, C. (Chef des Tarifbureaus der Gotthardbahn). Die Frage der Brutto-Einnahmen des Gotthard-Unternehmens, 1878.

Bericht an die General-Versammlung der Gotthardbahn betreffend die finanzielle Reorganisation der Unternehmung d. d. 15. Juni 1878. Zürich (Zürcher & Furrer), 1878.
₊ Auch französisch.

Experten-Gutachten über die Projektirung und Revisirung des sogenannten Netzes der Gotthardbahn. (Juni 1878). In-8°. Von *G. Bridel, E. Dapples* u. *G. Koller*.

Message du Conseil fédéral à la haute assemblée
fédérale concernant l'entreprise du chemin de
fer du St - Gothard. (Du 25 Juin 1878). In-8⁰.

Bericht der Mehrheit der Nationalraths-Commission
betreffend das Gotthard-Unternehmen. (Vom 16.
Juli 1878). In-8⁰.

Rapport de la minorité de la Commission du conseil national (sur le même sujet). Du 25 juillet
1878.

Aufruf. (Bern, im Juli 1878). Sign. „Ein Veteran".
In-8⁰, 4. S. O. d. O.
*** Zu Gunsten der Gotthard-Subvention.

Gotthardfrage. Internationale Zusatz - Convention
(6. August 1878). Rede des National - Rathes
Dr. *A. Ph. von Segesser*.
*** In: „Sammlung kleiner Schriften" etc. (Bern, Wyss, 1879). Bd. III, S. 411 - 429.

Stenographischer Bericht über die Verhandlungen
der schweiz. Bundesversammlung betreffend die
Gotthardfrage, Juli und August 1878. In - 8⁰,
2 Theile in 2 Bde. (deutsch und französisch).
Bern (Stämpfli), 1878.

Pavesi, Angelo. Sulle linee ferroviarie del Gottardo
e del Sempione. Petizione della deputazione
provinciale di Milano alla Camera legislativa.
In-fol., 23 p. Milano (Civelli), dicembre 1878.

Relazioni sulla ferrovia attraverso il Monte Ceneve. In-4⁰. Como (tip. Giorgetti), 1878.

Vorlage des Gemeinderathes der Stadt Bern an
den grossen Stadtrath betreffend das Nachsubventionsgesuch des Regierungsrathes für die
Gotthardbahn. Bern (Wyss), 1878.

Der Gotthard als Eidgenosse. Ein Beitrag zur
Frage der Bundessubvention au die Gotthardbahn, von J. M. Raschèr. In-8⁰, 64 S. Bern
(E. W. Krebs), 1878.

Soldani, P. A. Die Subventionsfrage der Gotthardbahn-Gesellschaft und der schweiz. Eidgenossenschaft. In-8⁰. Chur (Hitz), 1878.

Bericht und Antrag des Engern Stadtrathes von Luzern an die Tit. Versammlung der Einwohnergemeinde Luzern, betreffend die fernere Einzahlung der von der Gemeinde beschlossenen Subvention an das Unternehmen der Gotthardbahn. (Vom 4. November 1878). In-4°.

Amrein, K., Prof. Der St. Gotthardpass. Historische Skizze. (Separatabzug aus dem „Fortschritt", 1878, N° 82—85). In-8°. Zürich (J. Herzog), 1878.

Materialien für das Gotthardprofil. Schichtenbau des Urserenthales, von *F. M. Stapff*.
   ∗ In: „Verhandlungen der naturforschenden Gesellschaft Bern 1878".

Untersuchungen über die Gesteine des St. Gotthardtunnels, von *O. Meyer*.
   ∗ In: „Zeitschrift der deutschen geologischen Gesellschaft". XXX L 1878.

Einige Bemerkungen zu Herrn Dr. O. Meyer's Untersuchungen über die Gesteine des Gotthardtunnels, von *F. M. Stapff*.
   ∗ Ibid XXX 1. 1878.

Ueber Zirkon und Anhydrit in Gesteinen des St. Gotthardtunnels, von *O. Meyer*.
   ∗ Ibid. XXX II. S. 352.

Die Gotthardbahn. Von Ingenieur *Stuttgardter*.
   ∗ In: „Zeitschrift für Baukunde". Organ des Architekten- und Ingenieur-Vereins von Bayern, Würtemberg, Strassburg etc. (München). Bd. I. 1878, S. 99—104.

Einiges über den Bau des Gotthard-Tunnels. Von Von Ingenieur *Genauek*, Lehrer an der k. k. Staats-Gewerbeschule in Reichenberg. (Mit Zeichnungen).
   ∗ In: „Zeitschrift des österreichischen Ingenieur- und Architekten-Vereins". Bd XXX (1878). S. 95—110 u. 122—131.

Firststollenbetrieb im Gotthard-Tunnel. Von Prof. *Dolezalek* in Hannover. Mit Zeichnungen.
   ∗ In: „Zeitschrift des Architekten- u. Ingenieur-Vereins zu Hannover". Bd. XXIV (1878), S. 473—494.

Die Gotthardbahn.
   ∗ In: „Deutsche Bauzeitung" 1878. S. 367, 387, „Eisenbahn" .Bd. 9, S. 55.

St. Gothard-Tunnel.
⁂ In: „The Builder" von London, 1878, 1879 und 1880. Bd. XXXVI, S. 437, 811. Bd. XXXVII, S. 58, 441, 566. Bd. XXXVIII, S. 27, 242, 871 u. 403.

Sautter. Die Diamant-Röhrenbohrung und ihre Verwendung beim Tunneliren, insbesondere beim Durchsetzen von Alpenpässen.
⁂ In: „Zeitschrift österreichischer Ingenieure", I—V, 1878, S. 20, 44.

Die Bergbahnen-Systeme vom Standpunkte der theoretischen Maschinenlehre, von Prof. *Albert Fliegner.* In-8°, 14 S. Zürich (Orell Füssli & Cie.), 1878.

1879.

Rascher, J. M. Der Alpenbahncompromiss vor der Volksabstimmung. In-8°. Bern (R. F. Haller-Goldschach), 1879.

Ja oder Nein. Die Gotthardsubvention vor dem Schweizervolke am 19. Januar 1879. In-8°. Zürich (Orell Füssli & Cie.), 1879.

Au peuple Vaudois. Chers Concitoyens, votez oui. (Für die Gotthard-Subvention). Janvier 1879. In-fol. Lausanne (imprimerie Vincent).

Bericht an die General-Versammlung der Gotthardbahn betreffend die Reconstruction der Unternehmung d. d. 22. März 1879. In-8°. Luzern.

An den hoh. Bundesrath. (Luzern, Januar 1879). Eingabe der „Vereinigten Dampfschifffahrtsgesellschaft d. Vierwaldstättersee's". In-fol. lithogr. 8 S.
⁂ Wegen den Bahnhöfen in Flüelen, Brunnen u. Luzern.

Traité entre la Suisse et l'Italie (du 16 juin 1879). In-8°.
⁂ Für die „Monte Ceneri" Bahn.

Das Millionenbuch der Gotthardbahn. 4 S. Zürich (Orell Füssli & Cie.)
⁂ Pikantes Verzeichniss wie die 227 Millionen für die Gotthardbahn vertheilt sind und wie wenig die Eidgenossenschaft beigetragen hat.

Colladon, Daniel, prof. L'entreprise du tunnel et la compagnie du Gothard. Notes et réflexions soumises au haut Conseil fédéral et aux chambres fédérales suisses. In-8°. Genève - Bâle (H. Georg), 1879.

— — Deutsche Ausgabe. Basel (H. Georg), 1879.

Convenzione addizionale con la Germania e la Svizzera per costruzione di una ferrovia attraverso il Gottardo. Discorso pronunciato alla Camera dei deputati nella tornata del 6 aprile 1879 dal deputato Robecchi. In-8°, 19 p. Roma (tip. Eredi Botta), 1879.

Castelli (Gian Galeazzo). Ferrovie d'accesso al Gottardo. Considerazioni in appoggio del tracciato Gallaratese; e conseguente ristampa degli Appunti alla Relazione Luglio 1876 della Commissione provinciale di Novara, con note e topografia. In-4° picc. di 26 pag. ed 1 tavola. Milano (stabil. G. Civelli), 1879.

Delle linee di raccordo col Gottardo per la sponda sinistra del Lago Maggiore. Considerazioni dell' ing. *Giuseppe Bianchi*. In-8°, 16 p. Milano (tip. Treves).

Neue Generalkarte der Gotthardbahn (nebst Längenprofilen). Projekt 1878; 7 Blatt 1 : 100,000. Zürich (Orell Füssli & Cie.), 1879.

Geschichte der Begründung des Gotthardunternehmens. Nach den Quellen dargestellt von Dr. *Martin Wanner*, Archivar der Gotthardbahn. In-8°, S. VII—458. Bern (K. J. Wyss), 1879.

Uebersichtskarte der Gotthardbahn im Maussstabe von 1 : 100,000 als Separatbeilage zu der „Geschichte der Begründung des St. Gotthardunternehmens" von Dr. M. Wanner. In-fol. Bern (K. J. Wyss), 1879.

Dobluff, J., Baron. Der Gotthardpass einst und jetzt. Ein Bild aus der Schweizergeschichte. In-8°, 31 S. Wien (E. Schlieper), 1879.

La Mara. Vom Lago Maggiore über den St. Gotthard.
: *⁎⁎* In der wissenschaftl. Beilage der „Leipziger Zeitung", N° 54 (1879).

Stichler, C. Eine Winterfahrt über den St. Gotthard im November 1879.
: *⁎⁎* In: „Europa", N° 11 und 12 (1879)

Göschenen.
: *⁎⁎* In: „Illustrirte Zeitung", N° 1854, (1879). Leipzig.

Der St. Gotthard im Januar. (Mit Abblg.)
: *⁎⁎* In: „Neue Alpenpost", (Zürich 1879). Bd. IX, 23.

Favre, Louis. (Gotthardtunnel-Erbauer).
: *⁎⁎* Im „Neuen Buch der Welt", 9. Heft.

Louis Favre, der Erbauer des Gotthardtunnels, in der „Illustrirten Zeitung" von Leipzig, N° 1888, 1879.

Herr Louis Favre und die Gotthardbahn. V. „Ausland", N° 44, 1879.

Louis Favre, im „Vierwaldstätter Volkskalender", 1879.

Gotthard — Favre. Ein Lebensbild (von Aug. Feyerabend). Im „Schweiz. Hausfreund", 1879.

Stapff, F. M. (Dr., Ing.-Geolog der Gotthardbahn in Airolo). Studien über den Einfluss der Erdwärme auf die Ausführbarkeit von Hochgebirgstunneln.
: *⁎⁎* Separat-Abdruck aus dem „Archiv für Anatomie u. Physiologie 1879", Reproduzirt in der „Eisenbahn" von Zürich.
: Auszug davon in „Dingler's" polytechnisches Journal. Bd. 237, S. 167. 1880. (Augsburg, Cotta). Auch französisch.

Rutil, Titanit, Zirkon, Gyps und Anhydrit in Gesteinen des St. Gotthardtunnels, von *F. M. Stapff*.
: *⁎⁎* In: „Zeitschrift der deutschen geologischen Gesellschaft". XXXI, 2, 1879.

Rutil als mikroskopischer Gesteinsgemengtheil, von *A. Sauer*.
: *⁎⁎* In: „Neues Jahrbuch für Mineralogie, Geologie und Paläontologie", 1879. S. 569.

Zur Mechanik der Schichtenfaltungen, von *F. M. Stapff*.
: *⁎⁎* Ibid. 1879, S. 292, 792. (Beispiele grösstentheils dem Gotthardtunnel entnommen).

Bacterien im Gotthardtunnel (und die Entstehung von Grafitharnischen) von *F. M. Stapff*.
, In: „Zeitschrift für die gesammten Naturwissenschaften 1879". S. 848.

Mittheilung über *A. Sjögren's* mikroskopische Untersuchung von Gesteinen aus dem Gotthardtunnel, von *F. M. Stapff*.
, In: „Zeitschrift der deutsch. geologischen Gesellschaft 1879". S. 619.

Mikroskopiska Studier. I. Undersökning af Gneissgranit från St. Gotthardtunneln's nordligaste, del *A. Sjörgen*.
, In: „Geologiska Föreningens i Stockholm förhandlingar. Bd. IV, N° 36, 1879.

1880.

Ueber den Zirkon als mikroskopischer Gesteinsgemengtheil, von *F. Zirkel*.
, In: „Neues Jahrbuch für Mineralogie etc." Bd. 1, Heft I, 1880, S. 80.

Rutil als mikroskopischer Gesteinsgemengtheil, von *A. Sauer*.
, Ibid. 1880, Bd I, Heft 3, S. 279.

Dölter. Arlberg und Gotthard - Tunnel in geologischer Hinsicht.
, Enth. in der „Wiener Abendpost", N° 139 (1880).

Stapff, F. M. Dr. Wärmezunahme nach dem Innern von Hochgebirgen. In-8°, 20 S. Bern (Dalp), 1880.

Sulle condizioni geologiche e tecniche della grande galleria del S. Gottardo, (per *F. Giordano*).

Sulla serpentina del S. Gottardo *(A. Cossa)*.
, In: „Bolletino del R. Comitato geologico d'Italia" (Roma, Barbera), N° 9 u. 10, 1880. — Rezension in „Geological Magazin" 1881, February.

Cossa. Nota su alcune rocce serpentinose del Gottardo.
, In: „Atti R. Accad. delle scienze di Torino", vol. XVII dispensa I., (nov.—dicemb. 1880). Torino, Loescher.

Geologisches Profil des St. Gotthard in der Axe des grossen Tunnels während des Baues (1873—

1880) aufgenommen durch Dr. *F. M. Stapff*, Ing. geolog. der Gotthardbabngesellschaft. Maassstab 1 : 25,000. Mit 1 Karte in Farbendruck. (Spezialbeilage zu den „Rapports" vom Schweiz. Bundesrath. In-fol. Bern (K. J. Wyss), 1880.

₊ Ausgezeichnete Abhandlung, nebst ausführlicher Literatur über die Gotthard-Geologie.
Rezension in „Literarisches Centralblatt", N° 31, 1881.

General - Karte der Gotthardbahn nebst Längenprofilen. 2. Aufl. Projekt von 1879. 1 : 100,000. 7 Blatt lithogr. In-fol. 1880.

Stichler, C. Der St. Gotthard in alter und neuer Zeit.

₊ In: „Sonntagsblatt des Bund", N° 10 und 11, 1880.

Rikli, M. A. Die Zukunftsvölkerstrassen durch den St. Gotthard und Arlberg. Eine zwanglose handelspolitische Betrachtung. 2. Aufl. In-8°, 30 S. St. Gallen (Mossberger), 1880.

Stockalper, E., ing. chef à Gœschenen. Expériences faites au tunnel du Saint - Gothard par l'écoulement de l'air comprimé en longues conduites métalliques pour la transmission de forces motrices.

₊ Dans la „Revue universelle des mines, de la métallurgie, des travaux publics, des sciences et des arts appliqués à l'industrie". Tom. VII, 2me livr. (Liége, 1880).

— — In-8°, 33 p. et 3 pl. Genève — Bâle (H. Georg, édit. — imp. Charles Schuchardt).

Colladon, D. Tunnel du St-Gothard, observations sur la rencontre des deux galeries d'avancement et sur les causes de la rapidité d'exécution des travaux.

₊ In: „Archives des sciences physiques et naturelles" 1880, N° 4, avril, (Genève).

— Mémoire sur les travaux d'avancement du tunnel du St - Gothard et sur le raccordement exact des deux galeries, effectué le 29 février 1880. In-8°, 17 p. Paris (impr. Capiomont & Renault).

₊ Extr. des „Mémoires de la Société des ingénieurs civils".

Könyves-Tóth, M., Ing. Der Durchschlag des St. Gotthardtunnels und seine Vollendung. Eine vergleichende Studie über die bedeutenderen Tunnelbauten der Gegenwart. In-8°, VIII—208 S. mit 3 lit. Taf. Zürich (Orell Füssli & Cie.), 1880.

₊₊* Als 17. Heft der „Technischen Mittheilungen des schweizerischen Ingenieur- und Architekten-Vereins".

Villevert, E. Percement du St-Gothard au point de vue commercial, stratégique, de transit et des travaux; description des travaux du tunnel. In-8°, 16 p. Paris (Baudry), 1880.

Huber, W. Les divers percements des Alpes et les intérêts de la France, de l'Allemagne et de l'Autriche-Hongrie, particulièrement en ce qui touche la ligne du Simplon. In-4°, 19 p. et carte. Paris (Tolmer & Cie.), 1880.

Die Lokomotive als der Erzengel durch den Gotthard-Tunnel, verfasst von J. J. Spahlinger. In-8°. Stuttgart (Metzler'sche Buchhandlung), 1880.

Dameth, H. Le percement des Alpes par le Saint-Gothard, le Simplon et le Mont-Blanc.

₊₊* In: „Journal des économistes", 1880, N° 8.

Der Durchbruch des Gotthardtunnels. Mit Abbildungen.

₊₊* In: „Ueber Land und Meer", N° 27.

Meyer-Herzig, L. Die Gotthardbahn. Mit Abbildungen.

₊₊* In: „Ueber Land und Meer", N° 29 (1880).

Der Durchschlag des Gotthardtunnels.

₊₊* In: „Allgemeine Augsburger Zeitung", N° 63, 64, 80.

Le tunnel du St-Gothard. Avec 8 planches.

₊₊* In: „Univers illustré", N° 1304. — Ein kleiner Artikel von R. Broye über dasselbe Thema in derselben Zeitschrift N° 1303.

Erfav's (Favre) Kampf mit dem Riesen Gotthard A. A. J. R. nebst Landsgemeindebeschluss vom Jahre 1387. Eine Urkunde für Wilhelm Tell's Existenz. Historisch und kritisch beleuchtet von *Karl Leonh. Müller.* Altorf (Högger), 1880.

Der Durchschlag des St. Gotthardtunnels. Mit Abbildungen nach Skizzen von J. Weber in Zürich.
: *₊* In: „Illustrirte Zeitung", N° 1915, 1880 (Leipzig).
Vergl. auch N° 1109: „Die Gotthardbahn", Aufsatz mit Illustration.

Le percement du Mont Saint-Gothard avec gravures par M. Pellier.
: *₊* Dans: „L'Illustration" de Paris du 13 mars 1880, N° 1933.

Ueber den Gotthard.
: *₊* In: „Neue Zürcher Zeitung", N° 157, 1880.

Il Lago Maggiore e gita al S. Gottardo, del can. cav. *Luigi Boniforti*. Nuovissima guida. In-16°. Milano (Fratelli Dumolard), 1880.

Bilder für Schule und Haus. 6. Lieferung. Der „St. Gotthardtunnel". In-fol., 4 S. Text u. 23 Holzschnitt-Abbildungen. Leipzig (Verlag der Illustr. Leipziger Zeitung, J. J. Weber), 1880.

Der Gotthard in Bild und Wort. Bahn, Strasse, Tunnel. 12 Lithgr. in Farbentönen und 4 Holzschnitte, Umschlag mit Bildniss von Louis Favre und der an die Arbeiter vertheilten Denkmünze, nebst 18 S. Text. Nach der Natur gezeichnet von *J. A. Honegger*, Zeichnungslehrer an der Kantonsschule in Trogen. In-8°. Trogen (Selbstverlag von J. A. Honegger. — Zürich, Lithogr. Hofer), 1880.

Egli, J. J. Zur Geschichte der Gotthardbahn. Quellenstudie.
: *₊* In: „Aus allen Welttheilen", XI, 7 Folg. (1880). S. 214, 247, 257.

Gräf, Carl. Die Gotthardbahn in ihrer Bedeutung zum Weltverkehr.
: *₊* Enthalten im XVII „Jahresbericht des Vereins für Erdkunde zu Dresden. (Dresden, Alwin Huble, 1880).

Beer, J. C. Die St. Gotthardbahn. — In „Deutsche Rundschau für Geographie und Statistik", herausgegeben von Dr. Carl Arendts. Wien, 1879—1880, Heft 7.

Die Gotthardbahn und ihre Bedeutung. Mit 2 Karten und 1 Bild.
: *₊* In: „Deutsches Familienblatt".

Stein, Osw. Die centralen Alpenbahnen.
: *⁎⁎* Enthalten in: „Unsere Zeit", 1880. Heft 10 u. folg.

Revue, diplomatische. St. Gotthard - Zeitung und ital. orientalischer Anzeiger. I. Jahrgang 1880. N⁰ 1 (Oktober). Vierteljährlich 6 Nummern. Mailand (R. Schramm, Corso Venezia 33).
: *⁎⁎* Gleich eingegangen.

Canzonetta nuovissima del S. Gottardo. (Im piemontesischen Dialekt). Flieg. Blatt. Lugano (tip. Ajani e Berra), 1880.
: *⁎⁎* Wurde von herumlaufenden Drehorgelnspielern gleich nach dem Durchbruch des Gotthard-Tunnels verkauft.

Brioschi, F., Tatti, L., Carcano, C., Ratti, G., Chizzolini, G., Quaranta, L. Relazione sulla scelta della linea di allacciamento delle ferrovie italiane col Gottardo.
: *⁎⁎* In: „Politecnico", vol. 25 (1880), November.

Ferrovie d'accesso al Gottardo. Atti e documenti della Rappresentanza provinciale di Milano indirizzati a S. E. il Ministro dei lavori pubblici (Ottobre 1880). In-8⁰, 67 p. Milano (Civelli).

Massa, M. Note sur les locomotives destinées au service de montagne sur la ligne du St. Gothard. Lettre au Dr. C. Steblin. In-8⁰, 23 p. Turin (typ. Bona), 1880.

Bericht über die Organisation und Administration der Krankenpflege für die Arbeiter der Baugesellschaft Flüelen - Göschenen. In-8⁰, 11 S. Altorf (Huber), 1880.

Rechtsantwort der Direction der Gotthardbahn auf die Klage der Unternehmung des grossen Gotthardtunnels betreff. Fristverlängerung. Luzern (Meyer), 1880.

Die Eisenbahnlinie Luzern-Immensee. Eingabe des Stadtrathes von Luzern an den Reg.-Rath des Kantons Luzern, betreffend sofortige Ausführung dieser Linie, April 1880. In-8⁰, 39 S. Luzern (Meyer'sche Buchdruckerei), 1880.

Auf den Höhen von Andermatt.
: *⁎⁎* Enthalten in: „Sonntagsblatt", (Red.: R. Elcho), N⁰ 46, 1880.

Perroncito, E. Observations helminthologiques et recherches expérimentales sur la maladie des ouvriers du Saint-Gothard.
   ₀ In: „Revue médicale, française et étrangère", 1880, N° 23—24. Paris.

L'anemia al traforo del Gottardo dal punto di vista igienico e clinico, per i dottori *C. Bozzolo* e *L. Pagliani*, prof. nella R. Università di Torino. Gr. in-8°, 73 p. Milano (Gius. Civelli), 1880.
   ₀ In: „Giornale della Società italiana d'igiene", anno II, numeri 3 e 4. „Italia medica."

Lombard, H. C. La maladie des ouvriers employés au percement du tunnel du St-Gothard.
   ₀ In: „Archives des sciences physiques et naturelles", N° 6, juin 1880, p. 516—530. (Genève).

Lava. Gazzetta delle cliniche di Torino, N° 6, 1880.
   ₀ |Betreff. die Krankheiten der Gotthardtunnel-Arbeiter.

Perroncito. Gazzetta delle cliniche di Torino, N° 16, 16 Aprile 1880.
   ₀ Betreff. die Krankheiten der Gotthardtunnel-Arbeiter.

Concato et *Perroncito.* Sur l'Anchylostomiase.
   In: „Comptes-rendus de l'Académie des sciences", Paris 1880, p. 619 (séance du 15 Mars). — „Gazette médicale de Paris", 1880, p. 207.

Perroncito. Osservazioni elmintologiche relative alla malattia sviluppatasi endemica fra gli operai del Gottardo.
   ₀ Reale Accademia dei Lincei; seduta del 2 Maggio 1880, vol. 4, serie 3.

Sonderegger. Die kranken Gotthardtunnel-Arbeiter. Bericht an das eidg. Departement des Innern.
   ₀ In: „Correspondenzblatt für Schweizer Aerzte". Basel, 15. Juni und 1. Juli 1880.

Extr. dans le „Bulletin de la Société médicale", p. 228. Lausanne 1880.
   ₀ Betreff. die Krankheiten der Gotthardtunnel-Arbeiter.

Perroncito. Azione di reagenti chimici e di sostanze medicamentose diverse sopra le larve del dochmius duodenalis e sopra quelle di Anguillule.
   ₀ In: „R. Accad. di med. di Torino", seduta del 18 Giugno 1880. — „L'Osservatore", Gazzetta delle cliniche di Torino, 1880, N° 25.

Sonderegger. Ankylostoma duodenale.
>*⁎*⁎* In: „Correspondenzblatt für Schweizer Aerzte", Basel, 15. October 1880.

Extr. dans le „Bulletin de la Société médicale", p. 366. Lausanne 1880.

Perroncito. Nota sull' azione dell' estratto etereo di felce maschio nei malati di oligoemia epidemica proveniente dal Gottardo.
>*⁎*⁎* In: „R. Accad. di med. di Torino", sedute del 10 e 17 Dicembre 1880. — „L'Osservatore", 1880.

Perroncito. Giornale della R. Accad. di Torino, Marzo 1880.
>*⁎*⁎* Betreffend die Krankheiten der Gotthardtunnel-Arbeiter.

Perroncito. Osservazioni elmintologiche, etc
>*⁎*⁎* In: „R. Accad. dei Lincei", serie 3, vol. 7 (mémorie).

Perroncito. Communications à l'Académie des sciences de Paris. Séance du 7 Juin 1880.
>*⁎*⁎* Betreffend die Krankheiten der Gotthardtunnel-Arbeiter.

de Pietra Santa. La maladie des ouvriers du St-Gothard.
>*⁎*⁎* In: „Journ. d'hygiène", 5me vol., p. 289, 17 Juin 1880.

Tibaldi. Un caso d'anemia perniciosa dei lavoranti al traforo del San Gottardo.
>*⁎*⁎* In: „Gazzetta degli Ospedali", N° 7. Milano 1880.

E. Parona. L'anchilostomiasi e la malattia dei minatori del Gottardo.
>*⁎*⁎* In: „Annali univ. di medicina", vol. 253, 2880.

Cyrnos. L'anémie du St-Gothard.
>*⁎*⁎* In: „Journ. d'hygiène", 5me vol., p. 426, 2 Sept. 1880.

Pistoni. Rivista clinica di Bologna.
>*⁎*⁎* Betrifft die Krankheiten der Gotthardtunnel-Arbeiter.

E. Parona. L'estratto etereo di felce maschio e l'anchilostomiasi dei minatori del Gottardo.
>*⁎*⁎* In: L'Osservatore", N° 2 e 4, 1881.

Bozzolo. Doliarin gegen Anchylostoma Dubini.
>*⁎*⁎* In: „Centralblatt für klinische Medizin", Bonn, 1880, N° 43.

1881.

Note sur l'action de l'extrait d'Aspidium filix mas sur les ouvriers du Gothard atteints d'oligémie épidémique, par le prof. *E. Perroncito.*
. In: „Revue médicale de la Suisse romande", N° 3, mars 1881. (Genève).

L'ankylostome duodénal et l'anémie du Saint-Gothard par le Dr. *Ed. Bugnion.* (Av. 1 pl.)
. Ibid. N° 5, mai et N° 7, juin 1881.
Dieser ausführlichen Arbeit geht eine genaue „Bibliographie de l'épidémie du Gothard" voraus.

Perroncito. Traitement de l'anémie du Gothard par la fougère mâle.
. In: „Revue médicale de la Suisse romande", 1881, p. 163.

Bozzolo. Ueber die Anwendung der Thymolsäure als Wurmmittel in der Anchylostomen-Anæmie.
. In: „Centralblatt für klinische Medicin", Bonn, 1881, N° 1.

Bäumler. Ein weiterer Fall von hochgradiger Anæmie.
. In: „Correspondenzblatt für Schweizer-Aerzte", Basel, 1. Januar 1881.

Schönbächler. Anchylostoma duodenale.
. In: „Correspondenzblatt für Schweizer-Aerzte", Basel, 1. Februar 1881, S. 89.

Bugnion. On the epidemic caused by anchylostomum among the workmen in the St. Gothard-Tunnel.
. In: „British medical Journal", March 12, 1881.

Niepce. Etude sur l'anémie aiguë des ouvriers du St-Gothard produite par l'ankylostome. Travail lu à l'Académie de médecine de Paris dans la séance du 17 mai 1881.
. Pas encore publié.

de Pietra Santa. L'ankylostome et l'anémie du St-Gothard à l'Académie de médecine.
. In: „Journal d'hygiène", 6me vol., p. 266, 9 juin 1881

Schönbächler. Anchylostoma duodénale.
. In: „Correspondenzblatt für Schweizer - Aerzte", 1. Juli 1881.

Thüringischer Haus - Kalender für 1881. Luzern (Gebr. Räber).
. Darin: „Der Gotthardtunnel".

Einsiedler Kalender für 1881. Einsiedeln (Gebr. Benziger).
* * * Darin: „Der Gotthardtunnel".

Neuer Einsiedler Kalender. Einsiedeln (Eberle, Kälin & Cie.)
* * * Darin: „Die St. Gotthardbahn".

Vom Gotthard her. Mit Bild.
* * * Im: „Luzerner Hauskalender" für 1881.

Il traforo del Gottardo. (Con 7 illustrazioni).
* * * In: „Strenna illustrata pel 1881". (gr. in-8°. Milano, stabil. Garbini), p. 50—62. — Die Bilder aus der „Illustration" von Paris abgedruckt.

Anders, F. Die Gotthard- und Arlberger- Bahn. Mit 3 Abbildungen.
* * * In: „Daheim", 1881, N° 2.

The Mount St. Gothard Tunnel.
* * * In: „Geological Magazine", february 1881.

Der St. Gotthard. Von *Otto Grashof*. Mit Abbildungen.
* * * In- „Alte und neue Welt", Nrn. 9—11. (Einsiedeln, Benziger), 1881.

La route de terre et le chemin de fer du St-Gothard. (Avec un tracé de la traversée).
* * * In: „Magasin pittoresque" de Paris, N° 12 et 13, 1881.

Annales des travaux publics. (Paris, P. A. Bernard), N° du mai 1881 avec 4 pl. et 4 fig.
* * * „Travaux du Gothard".

La galleria del Gottardo e la ferrovia d'accesso. Con illustraz.
* * * In: „La Valigia", giornale illustrato settimanale di Milano, (stabil. Garbini). N° 125 e seg., Giugno 1881.

Médail, Alphonse. Histoire du percement des Alpes. Théorie de l'air comprimé; historique de tous les essais faits à ce jour; description sommaire de toutes les machines à perforer, et de tous les appareils à comprimer l'air. Turin (tip. J. Candeletti, chez l'auteur à Chambery), 1881. In-8°, p. XVI—184 avec portrait.
* * * „Les merveilles du XIXe siècle."

Stein, Oswald. Alpenbahnen und Alpenstrassen.
* * * Enth. in: „Westerman's ill. deutsche Monatshefte" Juni 1881.

Ferrovia del Gottardo. Accesso Süd. Apertura delle gallerie elicoidali festeggiata in Faido il 16 Maggio 1881. In-8°, 20 p. Torino (tip. Vincenzo Bona).

Uebersichtsplan der Gotthard - Post - Strasse und Eisenbahn von Silenen bis Andermatt. Entworfen von der Baugesellschaft Flüelen-Göschenen; ergänzt durch *H. A. Berlepsch* in Zürich. Maassstab 1 : 25,000. In-fol. obl. Zürich (Expedition von Berlepsch Reisehandbüchern).

Die Gotthard-Bahn. Beschreibung und Geschichtliches von *H. A. Berlepsch*. Mit einer Karte der Gotthardbahn in 8 Blatt. (Ergänzungs-Heft N° 65 zu „Petermann's Mittheilungen"). In-4°, 78 S. Gotha (Justus Perthes), Juli 1881.

Karte der Gotthard-Bahn in 8 Blatt (die oben angeführte, für sich verkäuflich). Zürich (Expedition von Berlepsch Reisehandbüchern), 1881.
  ₊ Maassstab 1 : 100,000.

Die Lokomotiven zum Betriebe der Gotthardbahn. Studie von *R. Abt*, Ing. im schweiz. Eisenbahn-Departement in Bern. Mit Tafeln.
  ₊ In: „Organ für die Fortschritte des Eisenbahnwesens in technischer Beziehung", von E. Heusinger von Waldegg. Neue Folge. Bd. XVIII (1881). Hefte IV—VI.

Guhrdynamit und Sprenggelatine beim Bahnbau am St. Gotthard. Von Herrn Prof. *Tetmajer* in Zürich. (Mit 4 in den Text gedruckten Zeichnungen).
  ₊ In der „Eisenbahn". Bd. XIV. I. Semester, 1881.

Richtstollen-Durchschlag des grösseren Tunnels der Gotthardbahn.
  ₊ Ibidem.

Ueber Temperatur und Ventilations-Verhältnisse im Pfaffensprung-Tunnel von Ing. *A. Trautweiler*. (Mit 1 Tafel).
  ₊ Ibid. Bd. XV, 1881, 2. Semester.

Stapff, Dr. Wärmevertheilung im Gotthardtunnel. I. Theil. Bern (Dalp).
  ₊ II. und III. Theil werden vor Ende dieses Jahres erscheinen.

Brevi cenni intorno al rilevato dei terreni attraversati dalle strade ferrate italiane in congiunzione colla ferrovia del Gottardo. In-4°, di pag. 7. Milano (stabil. Civelli), 1881.

Strade ferrate dell' Alta Italia. Linea Gallarate-Laveno. Capitolato speciale d'appalto: Tariffa dei prezzi unitarii. In-8°. pag. 12, 101. Milano (tip. Bernardoni).

Strade ferrate dell' Alta Italia. Linea Novara-Pino. Capitolato come sopra. In-4°, p. 12, 101. Milano (ivi).

Rossi. Relazione della Commissione accademica sulla Mappa plastigrafica, eseguita dal Cav. *Luigi Bonazzi*, dei terreni attraversati dalle strade ferrate italiane in congiunzione colla ferrovia del Gottardo.

. In: „Atti dell' Accademia fisio-medico-statistica di Milano", anno XXXVII (1881, tipogr. Bernardoni).
Besprechung des schönen Reliefs der Gotthardbahn von Mailand bis Airolo, welches an der Nationalausstellung in Mailand ausgestellt war.

1882.

Eine letzte Schlittenfahrt über den St. Gotthard. (Am Tage der amtlichen Probefahrt durch den Tunnel). Von *A. Burgert*.

. In der „Frankfurter Zeitung"; wieder abgedruckt in der „Wiener Neuen Freien Presse", N° 6235, 5. Januar 1882.

L'ancien chemin du Saint-Gothard (av. vue de la Val Tremola).

. In: Monde illustré, N° 1295, 21 janvier 1882.

Zur Eröffnung des St. Gotthardtunnels am 1. Januar 1882. (Von *August Feierabend*). Mit Abbildungen.
Von der Gotthardbahn. Idem.

. In: „Illustrirte Zeitung" (Leipzig), N° 2011, 14. Januar, N° 2020, 18. März, N° 2033 und N° 2034 und folg.

Héléne, M. La ligne internationale du Gothard, avec vue.

. Dans: „La Nature", N° 451, janvier 1882.

L'inaugurazione del tunnel del Gottardo (1 gennajo 1882). Con disegni.
₊ In: „Emporio pittoresco" di Milano, N° 909 et N° 910, febbrajo 1882, N° 956, 25. Juni.

Opening of the Gotthard Railway Tunnel.
₊ In: „The Graphic", N° 633, vol. XXV (1882).

Lungo la ferrovia del Gottardo che si aprirà il 1° giugno 1882. (Con grande tavola d'illustrazioni, ma tolte dal „Monde Illustré e dalla „Illustrirte Zeitung).
₊ In: „Illustrazione italiana" (Milano, Treves), N° 7, 12 febbrajo 1882.

Wydler, H. Die Wärmeverhältnisse im Gotthardtunnel und die Hypothesen über Erdwärme. In-8°, 36 S. und 1 Tafel. Aarau (J. J. Christen), 1882.

Die Gotthardbahn. Mein Conflict mit der Verwaltung, von *W. Hellwag*, Oberingenieur. Gr.-in-4°, 549 S. Basel (Benno Schwabe), 1882.
₊ Das ausführliche Inhaltsverzeichniss ist zu lesen in der „Bibliographie der Schweiz", N° 3, 1882.

Der Gotthardtunnel: I. Geschichtliches. II. Bautechnisches. III. Naturwissenschaftliches.
₊ Im berner „Bund", N° 87 (29 März) und folgende. Verfasser soll Alt-Nationalrath Wapf in Luzern sein.

Frühlingstage am Südabhange der Alpen.
₊ Im „Bund", N° 88 (30. März) und folg.

Zur Eröffnung der Monte-Cenere Linie.
₊ In: „Schweiz. Grenzpost" von Basel, N° 83 (7 avril 1882) und frühere Nrn.

Die Gotthardbahn und ihre Bedeutung für den Weltverkehr.
₊ In: „Literarische Beilage zur Gemeinde-Zeitung für Elsass-Lothringen" (Strassburg), N° 17 und 18, 29. April u. 6. Mai 1882.

Die St. Gotthardbahn, mit Abbildungen.
₊ Enthalten in: „Illustrirte Welt", Heft 16, 1882.

Le chemin de fer du Saint-Gothard. Av. gravures.
₊ Dans: „l'Illustration", N° 2046, N° 2048 e N° 2049, mai 1882.

Die Gotthardbahn. Mit Ansichten.
₊ In: „Gartenlaube", N° 20 1882.

Niedermann, W. T. Der historische Festzug zur Einweihung der Gotthardbahn am Sechseläuten in Zürich.
₊ Enthalten im Feuilleton der „Frankfurter Zeitung", Beilage N° 109 vom 19. April 1882.

Rückblicke auf die Entstehung und den Bau der Gotthardbahn, von Dr. *Martin Wanner*, Gotthardbahn-Archivar. In-8°.

Neueste Uebersichtskarte der Gotthardbahn, nebst Längenprofilen, herausgegeben von der Direktion der Gotthardbahn. In-fol. (Druck von Rüegg, Corrodi & Cie. Riesbach, Auth. von Straub), 1882.

Karte der St. Gotthardbahn in 8 Blättern. Nach dem endgültigen Eisenbahn-Tracé und im Auftrage der Gotthardbahn-Direktion reduzirt auf Dufours Karte der Schweiz. Gestochen im topographischen Institut von Wurster, Randegger & Cie. in Winterthur, 1880. Maasstab 1:100,000. In-fol. Zürich (Verlag Orell Füssli & Cie.), 1882.
₊ Es ist die gleiche Karte, die dem Werke Berlepsch's „Die Gotthardbahn 1881" zusammengeht, vorn mit neuem illustrirtem Umschlag und zu einem einzigen fortlaufenden Blatt zusammengeklebt.

Le nuove comunicazioni ferroviarie attraverso il Gottardo. — 22 maggio 1882. — Carta geografica. In-fol. Milano (premiato stabilimento dell' editore A. Vallardi).

Ferrovia del Gottardo colle linee di raccordo per l'Italia. Carta geogr. In-fol. Milano (L. Ronchi editore), 1882.

Souvenir du St. Gothard. *C. F. Prell*, Lucerne (1882). Album mit 18 Ansichten in Lichtdruck, nebst Uebersichtskarte der Gotthardbahn in verziertem Umschlag.

Zur Erinnerung an die Feier der Eröffnung der Gotthardbahn vom 22—25 Mai 1882. In-8°, 1 Karte und 7 Ansichten. Luzern, Doleschals Buchhandlung.

Gotthardgedenkblatt, nach dem Original-Carton von *H. E. v. Berlepsch* in München. Zürich, (bei J. A. Preuss, Schweiz. Buch- und Kunst-Verlag). Ein Blatt in Imperial-Format. (Bildergrösse: 70 cm. Höhe und 46 cm. Breite. Papiergrösse: 82 cm. Höhe und 60 cm. Breite).

Die Gotthardbahn. Von *J. Hardmeyer.* In-8°, 112 S. mit 48 Illustrationen von J. Weber und einer Karte. Zürich (Orell Füssli & Cie.), 1882.
: In: „Europäische Wanderbilder", N° 30, 31 und 32.

Führer auf der Gotthardbahn und deren Zufahrtslinien. Bearbeitet von *M. Koch von Berneck* (Verfasser der Reisebücher „In dreissig Tagen durch die Schweiz" und „In dreissig Tagen durch Süddeutschland"). In-12°, 117 S. mit 1 Specialkarte der Gotthardbahn, einem Plan von Mailand und mehreren Ansichten. Zürich (Verlag von Cäsar Schmidt), 1882.
: Auch französisch.

Dei personaggi celebri che varcarono il Gottardo nei tempi antichi e moderni. Tentativo storico di *Emilio Motta*.
: Längerer u. ausführlicher historischer Aufsatz, von dem der Anfang in N° 5, Mai, des „Bolletino storico della Svizzera Italiana" (Bellinzona, tip. Colombi) erschienen ist. Wird fortgesetzt, und mit Abschluss des Druckes soll eine Separatausgabe von nur 100 Exemplaren erscheinen.

La ferrovia del Gottardo, sua inaugurazione ecc. (Note a lapis). Con illustrazioni.
: In: „Illustrazione popolare" (Milano, Treves), N° 20, 21, 22, 14—28 mai 1882.

Zoppetti, V. (ing.) Note sulle condizioni di lavoro nei trafori del Cenisio e del Gottardo e sulle disposizioni più opportune per l'esecuzione di grandi gallerie sotterranee
: In: „Politecnico", N° 5, maggio 1882 (Milano).

La ferrovia del Gottardo. Con ill.
: In: „Rivista illustrata", N° 178, 28 maggio 1882. N° 181, 18 giugno, N° 182, 25 giugno e N° 185, 15 luglio. (Milano, F. Garbini.)

La linea ed il tunnel del San Gottardo (che si apre oggi — 21 maggio 1882). — Le feste del Gottardo ecc. — Con varie illustrazioni.
: In: „Illustrazione italiana" (Milano, Treves), N° 21, 22 e 23, 21 maggio — 4 giugno 1882.

Gottardeide. Con carta.

₀ In: „Giornale dei viaggiatori" di Torino, N° 9, 27 maggio 1882.

Il traforo del Gottardo (grosses Bild). [1])

₀ In: „Lo Spirito folletto", giornale umoristico illustrato (Milano, Sonzogno), N° 1115, 21 maggio 1882. Vergl. noch die folgenden Nummern.

Le feste del Gottardo (mit Bildern u. Portraits).

₀ In: „Nuovo Tramway", giornale umoristico con caricature, N° 197 e 198, 21 et 28 maggio 1882.

Viaggio d'inaugurazione del traforo del Gottardo (mit Bildern und Portraits).

₀ In: „El Tramvai", N° 21, 27 maggio 1882.

Gottardeide (mit Bildern und Portraits).

₀ In: „L'uomo di pietra", N° 200 e 201, 20 e 27 maggio 1882.

Il traforo del Gottardo (mit Portraits).

₀ In: „Guerin meschino", N° 15 e 16, 21 e 28 maggio 1882.

Il traforo del Gottardo, colla „Satira scritta d'un montanar sul traforo del Gottard". (Unbedeutendes Gedicht, im Mailänder Dialekt verfasst.) Flieg. Blatt. Milano (tipogr. centrale), 1882.

Ultra montes. (Eine Ferienreise über die Alpen.)

₀ In: „Neue Zürcher Zeitung", Feuilleton, N° 147 (27. Mai 1882) und folgende.

Le chemin de fer du St-Gothard, inauguré le 22 mai. Vues diverses prises sur le parcours. (Dessins de M. Lepère, d'après les croquis de MM. J. Nieriker et C. Käsli.)

₀ In: „Monde illustré", N° 1314, 3 juin 1882.

Opening of the St-Gothard Tunnel (mit 4 Ansichten).

₀ In: „The Graphic", vol. XXV, N° 653, 3 juin 1882.

Die Gotthardbahn (mit 2 Bildern, die Bahn in Vogelschau von Luzern bis nach Mailand).

₀ In: „Ueber Land u. Meer", N° 34 u. 38, Juni 1882.

---

[1]) Wir hielten es für gut hier auch die mailändischen Witzblätter zu verzeichnen, die gelegentlich der Eröffnungsfestlichkeiten der Gotthardbahn in Mailand und Luzern humoristische Bilder und Beschreibungen brachten. Der Witz war aber in keinem jener Blätter etwas aussergewöhnliches!

Die Eröffnung der Gotthardbahn.
₊ In: „Frankfurter Ztg." vom 20. Mai 1882, N° 140, Beilage.

Rückblicke auf die Eröffnung der Gotthardbahn.
₊ Enthalten in: „Frankfurter Zeitung" N° 149, 150 u. ff. vom Mai 1882.

Bilder von der Gotthardbahn, mit Illustrationen.
In: „Illustrirte Welt", 1882, Heft 26.

Pröhlss, Joh. Südwärts der Gotthardbahn.
₊ In: „Frankfurter Ztg." N° 178 u. 190 vom 27. Juni und 9. Juli 1882.

Da Milano a Lucerna. Galop per pianoforte di *Napoleone Redaelli*. In-fol., 3 p. Milano (D. Vismara), 1882.

Traforo del Gottardo. Polka per pianoforte di *Pietro Colombo*. In-fol., 3 p. Milano, editoria musicale, Via S. Zeno 12.

J. Weber's Vogelschaukarte der Gotthardbahn. Infol. in illustrirtem Umschlag. Zürich (Verlag von Orell Füssli & Cie.)

Der Gotthard - Tunnel und seine militärische Bedeutung.
₊ In: „Allgemeine Militärzeitung", N° 41, 1882.

Frensdorff, E. Ein Epilog zum Gotthardfest.
₊ In: „Die Gegenwart", N° 23, 1882.

Gotthardbahn. Mit Illustrationen.
₊ In: „Neue Alpenpost" (Zürich) 1882, N° 22.

Gotthard, Simplon und Montblanc.
₊ In: „Allg. Augsburger Zeitung", N° 178 - 184, 1882.

Zur Eröffnung der Gotthardbahn.
₊ In: „Deutsche Bauzeitung", N° 41, 1882.

A travers le Gothard, par M. *Ed. Tallichet.*
₊ In: „Bibliothèque universelle et Revue suisse", N° 6 et 7, juin 1882.

Ferrara, Luigi, prof. ing. Sulla ferrovia del San Gottardo. Cenni estratti dalla relazione del viaggio compiuto nel 1881 dagli alunni della scuola superiore per gl' ingegneri. Napoli (presso F. Furchheim, libr. edit., tip. dell'Accademia delle scienze), 1882. In-4°, 18 p. e 8 tav.

Ferrovia succursale ai Giovi e l'abbreviazione al Gottardo: linea Bisagno-Scrivia-Sisola-Grue da Genova a Gallarate ecc., pel Comitato promotore di Garbagna. Roma (tip. alle Terme Diocleziano). In-4°, 30 p., con 1 carta in cromolitografia.

Guida descrittiva sommaria ai lavori di costruzione della ferrovia Novara-Pino. Arona (tip. Galli e Cazzani). In-16°, 40 p.

Le tunnel du St-Gothard.
₊ In: „Revue scientif." de Paris, tome 30, N° 1, 1882.

Artom, E. La ferrovia del Gottardo.
₊ In: „Nuova Antologia", vol. 33, fasc. 11.

Gotthardbahn. Fahrplan vom 1. Juni 1882. Orario a datare del 1° Giugno 1882. Luzern (J. J. Bucher).

Doblhoff, J. v. (Frh.) St. Gotthard.
₊ In: „Die Heimath", 7. Jahrg., 2. Bd., N° 37, 1882.

Noch einmal der Gotthard-Tunnel und seine militärische Bedeutung.
₊ In: „Allg. Militär-Zeitung", 1882, N° 52.

Parafoudres du tunnel du St-Gothard.
₊ In: „Bulletin littéraire et scientifique suisse", N° 7, Août 1882.

Perroni, Agostino, ing. La ferrovia del Gottardo: lettura. In-8°, 49 p. Genova (tip. frat. Verardo), 1882.
₊ Dal: „Giornale della Società delle Letture e Conferenze scientifiche di Genova".

Berlepsch, H. A. Die Gotthardbahn und die italienischen Seen. Beschreibendes Reisebuch für alle Eintrittsrouten nach dem Vierwaldstättersee und dem Tessin. In-8°, 182 S. Mit 33 Karten, Plänen, Ansichten und Panoramen von Originalzeichnungen von E. F. Graf und J. Zeller, und vielen in den Text gedruckten Holzschnitten. Zürich, Expedition v. Berlepsch's Reisebüchern.

Il Gottardo. Giornale politico, commerciale, marittimo. Anno I, N° 1 (26 giugno 1882). Genova (tip. Ciminago). In-fol.

₀ Erscheint täglich mit Ausnahme der Festtage. Abonnement 20 Fr. jährlich, eine einzelne No. 10 Cts.

Una gita al traforo del Gottardo. Album contenente 4 ballabili composto per pianoforte da *Giovanni Martinenghi*. In-fol. Milano, stab. music. Martinoughi, 1882.

₀ Enthält: Nr. 1, Lugano, Valzer. Nr. 2, Bellinzona, Mazurka. Nr. 3, Airolo, Polka. Nr. 4, Il passaggio del Gottardo, Galop.